MW01715009

10 JOURS POUR SE RÉGÉNÉRER

LESLIE KENTON

10 JOURS POUR SE RÉGÉNÉRER

Un programme complet de détoxication et de vitalité

traduit par Isabella Heim

éditions

TROIS FONTAINES

Les Tattes - 74250 Fillinges/France

Autres titres aux éditions 3 Fontaines

Acide-Base, une dynamique vitale
du Dr Philippe-Gaston Besson

Alimentation énergétique: les modes de cuisson
de Claude Maréchal

La crème Budwig: le petit déjeuner santé
du Dr Philippe-Gaston Besson

Le message du Dr Paul Carton: l'Hippocrate du 20e siècle, de Christopher Vasey

Les réseaux géobiologiques
de Gilbert Fleck et Jean-Pierre Garel

Sainte-Hildegarde: la santé entre ciel et terre
de Daniel Maurin

La santé par l'hygiène intestinale
du Dr Georges Monnier-Shraer

S'ouvrir à soi-même: l'épanouissement par la visualisation, de Monique de Verdilhac

Contactez-nous pour recevoir
gratuitement notre catalogue

Titre original: *"The 10 day Clean-Up Plan"*

ISBN 2-909206-08-4
ISSN 1159-6066

Mise en page: Nelly Irniger
Couverture: Angel Scaburri
Photo: Elisabeth Marquart

Table des matières

Préface

Depuis fort longtemps déjà, la sagesse populaire de très nombreux peuples a considéré les maladies comme étant dues à la présence de substances indésirables dans l'organisme. De là, les multiples efforts pour nettoyer le sang et épurer le corps: cure, jeûne, sauna, bain de vapeur, lavement, purge, saignée, abcès de fixation etc.

Rétablir le fonctionnement normal de l'organisme en le libérant des toxines a été pendant des siècles l'occupation principale de la médecine. Ce n'est qu'avec le développement de la pharmacopée "chimique" que ces efforts ont été remplacés par une thérapie répressive des symptômes, provoquant un refoulement des toxines, et par là, l'apparition, typique à notre époque, des maladies dégénératives.

Malgré les options nouvelles de la médecine moderne, le drainage des toxines reste encore aujourd'hui tout à fait d'actualité. Ceci d'autant plus que de nos jours, nous nous intoxiquons plus qu'à n'importe quelle époque.

En effet, non seulement nous mangeons trop, mais nous intoxiquons nos aliments avant de les consommer, et nous nous intoxiquons à nouveau avec les remèdes ingérés pour soulager les maux causés... par l'intoxication!

Le but de la médecine naturelle a toujours été de rompre ce cercle vicieux qui, en diminuant la vitalité et les forces d'action de l'individu, l'empêche d'entreprendre les réformes de vie nécessaires pour retrouver santé et vitalité.

Il est cependant bien connu que les meilleures remèdes et les conseils les mieux intentionnés ne sont d'aucune utilité tant qu'ils ne sont pas appliqués, et que leur valeur ne sera jamais reconnue pleinement tant qu'ils n'auront pas fait l'objet d'une expérience vécue.

Le livre de Leslie Kenton, *"10 jours pour se régénérer"*, offre la possibilité de vivre l'expérience, en quelques jours seulement, de la réalité et des bienfaits de la détoxication. L'ouvrage est conçu pour faciliter au maximum la mise en pratique des différents éléments de la cure. Des conseils simples et clairs, à la portée de tous, sont donnés sur les aliments et les boissons à consommer, les exercices et les séances de sudation à pratiquer, ainsi que sur les techniques annexes comme la relaxation, les respirations, etc. Des tableaux, des suggestions de menu, des exemples de recettes agrémentent le tout et facilitent à l'extrême les premiers pas du néophyte.

Bien sûr, 10 jours ne suffiront pas à vous débarrasser de toutes vos toxines et à retrouver entièrement votre bien-être et votre santé. Le livre de Leslie Kenton n'est qu'une introduction aux démarches de la santé et à la prise en charge de son corps, mais il est une approche enthousiasmante et efficace. En pratiquant cette cure, le lecteur pourra se convaincre lui-même du bien fondé de la démarche.

Christopher Vasey

Christopher Vasey est l'auteur de

"Manuel de détoxication",
"Régénération et détoxication par la cure de raisin",
"Le message du Dr Paul Carton, l'Hippocrate du 20e siècle"

Chapitre 1

Le nettoyage de printemps

Vous travaillez trop et ne dormez pas assez? Des kilos superflus se sont accumulés? Vous vous sentez fatigué(e) et sans énergie? Vous avez besoin de vous remettre des excès des fêtes?

Alors un "nettoyage de printemps" vous sera certainement bénéfique! Je ne veux pas dire par là que vous allez vider le grenier et transporter des cartons! Je parle de la détoxication de votre organisme pour retrouver une nouvelle vitalité, régénérer tous ses systèmes et lui apporter un maximum d'énergie et de bien-être. Vous pouvez gaspiller des centaines d'heures et utiliser de tonnes de lotions, potions et crèmes pour améliorer l'aspect et le tonus de votre peau. Mais aucun de ces traitements ne vous apportera les bienfaits d'une méthode naturelle et simple comme celle proposée ici pour le "nettoyage de printemps" interne périodique.

Santé et beauté viennent de l'intérieur

Une belle peau, un corps ferme et sain, un esprit clair et fort dépendent de la capacité de votre organisme de se débarrasser des toxiques et des produits de dégradation métaboliques avant qu'ils ne puissent attaquer les cellules et les tissus, les organes et les systèmes. Ce principe est à la base de la médecine naturelle traditionnelle en Europe. Retirez d'abord tout ce qui pourrait obstruer la faculté naturelle d'élimination du corps. Ensuite, grâce aux forces d'auto-guérison qui régissent tous les organismes vivants, les fonctions corporelles retourneront à la normale. Cette loi s'applique aussi bien à l'apparence extérieure de la peau, dont on peut restaurer le tonus naturel qu'au raffermissement des tissus, à l'élimination de la cellulite, à une meilleure santé et à l'aspect éclatant des cheveux et des ongles.

Les bienfaits sont fantastiques, si incroyables en fait qu'en notre temps où prédomine encore la mentalité de la "pillule-miracle" et la tendance à vouloir un soulagement immédiat, bien des gens ont de la peine à y croire jusqu'au moment où ils essaient cette méthode par eux-mêmes.

Enlevez les toiles d'araignées

L'organisme humain est pourvu d'un magnifique système d'auto-nettoyage qui fonctionne automatiquement. Mais la nourriture et la boisson que nous consommons, la tendance à une vie stressante et sédentaire, la pollution croissante à laquelle nous sommes exposés à travers l'air que nous respirons et l'eau que nous buvons, créent une situation loin d'être idéale. Le nombre de toxines et les déchets métaboliques qui se retrouvent dans le corps dépassent de loin sa capacité d'élimination. Ils sont alors stockés dans les tissus, les privant de leur vitalité, encourageant les maladies dégénératives et le viellissement prématuré. Ils accaparent les nutriments nécessaires au bon fonctionnement de la peau, des cheveux et de l'organisme entier, l'empêchant de fonctionner à son meilleur niveau.

Le Dr Dwight McKee, directeur de l'Institut International de la Santé aux Etats-Unis, l'a exprimé ainsi: *"Chaque individu ayant vécu le "American way of life" (le mode de vie américain) durant 10 ans ou plus contient 70 trillions de cellules-poubelles!"* McKee et un nombre croissant de médecins qui utilisent des méthodes naturelles pour le traitement du cancer et d'autres maladies de "civilisation", prétendent que nos cellules sont intoxiquées, littéralement surchargées de déchets métaboliques et environnementaux, amassés durant notre vie.

Pour instaurer un haut niveau de vitalité et utiliser au maximum notre potentiel, il est impératif que nous puissions nous débarrasser de ces déchets.

La cure de 10 jours offre une excellente approche pour commencer. Ils existent, bien sûr, d'autres techniques qui sont très utiles: se libérer du stress, une respiration permettant de mieux utiliser l'oxygène, la stimulation du système immunitaire, le drainage lymphatique et l'exercice lui-même. Lorsque tous ces moyens sont mis en oeuvre, la main dans la main, ils nettoient tout notre organisme, lissant notre peau, raffermissant les chairs et tonifiant nos muscles, clarifiant notre cerveau et nos facultés intellectuelles et améliorant notre humeur.

C'est ce que ce petit livre se propose de faire. Lisez-le et mettez en pratique ses conseils. Les résultats seront remarquables: une transformation de votre aspect physique extérieur, un mieux-être intérieur, tout ceci en l'espace de dix jours seulement.

L'utilisation régulière de la méthode proposée, répétée plusieurs fois durant l'année, s'avère être un outil efficace pour instaurer, de manière durable, santé, pleine forme et meilleure apparence, tant pour les hommes que pour les femmes. Elle peut aussi être la pierre angulaire pour un style de vie nouveau, plein d'énergie, de vitalité et d'entrain.

Chapitre 2

Le régime

Ce régime de 10 jours est un nettoyage de printemps basé sur l'alimentation naturelle fraîche, consommée sans aucune altération, c'est-à-dire crue. La nourriture crue possède des propriétés remarquables. Dans des cliniques fameuses telle que celle de Bircher-Benner à Zurich/Suisse, les régimes crus sont utilisés pour guérir des maladies aiguës et chroniques. Des recherches à l'Université de Vienne ont montré que la nourriture crue stimule les fonctions cellulaires et augmente l'énergie et la vitalité générales. Voici pourquoi les régimes utilisant la nourriture crue forment la base des thérapies de réjuvénation et de régénération de la plupart des cliniques et centres de cures les plus onéreux, partout dans le monde.

Magie subtile

Pour quelqu'un qui ne l'a jamais expérimenté auparavant, ce régime de 10 jours tient presque de la magie. Une nourriture essentiellement crue accroît votre vitalité, votre bien-être et améliore votre aspect physique. Elle protège votre corps des maladies dégénératives et du vieillissement prématuré. Les légumes crus, les fruits succulents, les grains entiers, les graines et les noix, ont une qualité énergétique extraordinaire et légère. Ils semblent transmettre cette légèreté à la personne qui les consomme. Ce sont les plus grands fournisseurs de vitamines, de minéraux et d'enzymes inestimables pour la santé, de protéines, d'hydrates de carbone naturels et d'acides gras essentiels. Ils représentent également une source inégalée de fibres naturelles.

Ces 10 jours de régime permettent, entre autres, de

- dissoudre et éliminer les matériaux toxiques entreposés dans l'organisme,
- nettoyer l'appareil digestif,
- restaurer l'équilibre acido-basique,
- stimuler les fonctions organiques et tissulaires,
- retrouver la vitalité.

Cette transformation ne passe pas inaperçue. Ces méthodes sont employées avec grand succès, depuis longtemps, dans les cliniques et centres de cures d'Europe, pour combattre toutes les maladies et rajeunir le corps, lui rendre sa beauté, améliorer les performances sportives et encourager la perte de poids naturelle.

Si vous êtes exposé(e) aux méfaits de l'air conditionné ou du chauffage, au bureau ou à la maison, si vous manquez de la lu-

mière du soleil, si vous mangez trop vite et de manière déséquilibrée, si vous avez envie de secouer votre inertie, cette méthode est particulièrement indiquée pour vous. Utilisez ce régime au printemps pour vous préparer aux activités sportives et au port des vêtements légers de l'été, et de manière générale, dans toutes les situations impliquant un excès de travail, de stress ou de nourriture.

La cure de 10 jours vous apporte la plupart des éléments dont bénéficient les curistes en clinique, sans avoir à débourser des sommes importantes.

Les secrets pour mincir

La cure de 10 jours vous fait également mincir de plusieurs manières. D'abord, elle fournit à votre organisme des compléments nutritionnels de la plus haute qualité: vitamines, minéraux, protéines facilement assimilables, acides gras essentiels. Vous évitez alors la fatigue, si souvent associée à un régime hypo-calorique. Vous ne risquez pas non plus les carences vitaminiques liées parfois aux "régimes-miracle" draconiens. Ensuite, les aliments crus ingérés sont riches en fibres, ce qui est particulièrement important. Non seulement vous vous sentez rassasié(e), mais votre corps stabilise ses niveaux de sucre dans le sang, et par là, apaise la sensation de faim. Certaines sortes de fibres, telle la pectine que l'on trouve en grandes quantités dans les pommes et dans d'autres fruits, aident le corps à éliminer les poisons et toxines tels que les métaux lourds (le plomb ou l'aluminium).

Centré sur de grandes quantités de légumes et fruits crus, ce régime offre un bénéfice additionnel au niveau de sa haute teneur en potassium qui soutient le processus d'alcalinisation du corps. Les produits de dégradation d'une alimentation riche en viandes, sucre, café, arômes, agents conservateurs et aliments raffinés sont hautement acidifiants. De même que le stress, ils font augmenter le taux d'acidité du sang. A long terme, de tels aliments sapent les forces vitales de votre corps et surpassent ses capacités d'élimination naturelles, déstabilisant l'équilibre naturel acido-basique. La perte de poids a tendance à acidifier votre sang, à cause des produits de dégradation issus des graisses brûlées, libérés dans le courant sanguin. Ce phénomène peut mener à une irritabilité et nervosité, accompagnant parfois certains régimes. La haute teneur en potassium des légumes crus et de certains fruits, leurs propriétés alcalinisantes, évitent ces incidents, vous laissant un sentiment de bien-être et de calme pendant que les kilos fondent à vue d'oeil.

La fin des envies

La cure de 10 jours est formidable pour maigrir différemment. Elle aide à éliminer les envies pour certains aliments, qui semblent parfois irrésistibles et qui sont à l'origine de l'échec de nombreux régimes. Vous connaissez probablement le phénomène: vous prenez un biscuit pour accompagner votre thé et peu de temps après, vous avez vidé le paquet entier. Ce comportement vous culpabilise et vous désespère, vous suggérant un manque de "volonté". Vous avez alors tendance à manger moins pour compenser votre excès de calories. A la longue, ce déséquilibre peut mener à des déficiences nutritionnelles et à une fatigue chronique qui n'arrangeront rien.

De telles envies et les excès de nourriture qu'elles entraînent sont souvent le résultat d'une intolérance, parfois appelée allergie. Des experts en allergie nutritionnelle vous le diront: *pour des raisons biochimiques complexes, on a tendance à avoir des envies précisément pour des aliments allergènes, créant ainsi une sorte de dépendance. Une fois commencé, on ne peut plus s'arrêter.* C'est un problème courant, particulièrement connu des personnes qui font souvent des régimes. Les intolérances les plus fréquentes sont celles contre le lait, les produits laitiers et le blé. De nombreuses personnes qui perdent difficilement du poids découvrent que l'élimination du lait et des produits à base de blé dans leur alimentation peut faire toute la différence entre la réussite ou l'échec d'un régime.

Minceur et vitalité

La cure de 10 jours est utile d'une autre façon encore. *L'expérience positive qu'elles vivent amène de nombreuses personnes à changer leurs habitudes alimentaires et à consommer davantage de fibres et d'aliments crus. La majorité d'entre elles réalisent rapidement qu'ainsi, elles accroissent leur vitalité et gardent un poids idéal, sans faire d'efforts particuliers, sans compter les calories, et sans se priver de la consommation d'aliments riches en énergie, telles que graines, céréales et huiles.* Pour quiconque ayant consciencieusement suivi un régime (et perdu la bataille), cela peut sembler miraculeux. Mais le miracle n'existe pas! Ce n'est que l'expression physiologique d'un nouvel équilibre qui s'établit à l'intérieur du corps suite à un régime riche en crudités.

Mon expérience m'a montré que 80 % des personnes qui ont suivi ce régime gardent un poids idéal sans faire d'efforts par la suite. Les autres 20 %, parmi lesquels je me compte, ont un peu moins de chance.

Pour faire diminuer de manière naturelle le risque des kilos superflus qui reviendraient s'installer, il suffit de

- *réduire la consommation des aliments gras tels que noix et fromages,*
- *éviter les sauces et sauces à salade grasses.*

Pour le reste, tout est permis à volonté!

Chapitre 3

Magie de la lymphe

Il existe cinq voies d'élimination dans votre corps: la peau, les poumons, les reins, les intestins et le système lymphatique.

Aucun d'entre eux n'est plus méconnu ni plus important pour le nettoyage de votre organisme que votre système lymphatique. Son fonctionnement est encore largement ignoré par la majorité des personnes. *Votre système lymphatique est une voie majeure d'absorption de nutriments venant de l'appareil digestif et allant vers les tissus, les aidant à rester élastiques, souples et sains. Il est aussi et avant tout votre système de défense immunitaire, fournissant les cellules qui protègent votre corps des agressions, de la maladie. Il prévient les maladies dégénératives et le vieillissement. C'est également le système d'élimination des déchets métaboliques du corps.*

La lymphe transporte les protéines et les particules de grande taille qui ne peuvent pas être éliminées autrement; elle en assure le drainage et la destruction. Elle se charge de toxines produites par le stress, la fatigue, le métabolisme; de cellules mortes, de globules de graisses, de bactéries pathogènes, de métaux lourds, de virus infectieux, d'autres matériaux et débris que vos cellules rejettent. Ses fonctions d'élimination sont si essentielles pour votre organisme que, si elles cessaient de fonctionner totalement, vous ne survivriez pas 24 heures.

De l'aide pour les vaisseaux lymphatiques

Les praticiens travaillant au moyen des méthodes naturelles de guérison affirment que l'une des causes primaires de la fatigue, de la maladie et de la dégénération cellulaire qui accompagne le vieillissement prématuré est la circulation insuffisante de la lymphe, de et vers les tissus du corps. La même tradition de médecine naturelle utilise un certain nombre de techniques efficaces, propres à stimuler les fonctions lymphatiques, comme moyens de guérison pour des affections aussi diverses que les maladies rhumatismales, cardio-vasculaires ou la fatigue chronique. Ces techniques naturelles comprennent l'exercice physique, le brossage de la peau, les techniques respiratoires spéciales, les traitements par la chaleur.

Combinées avec la cure de 10 jours, conçue pour détoxifier votre corps et améliorer la pureté et la qualité de la lymphe (ce liquide presque incolore qui circule dans les vaisseaux lymphatiques), ces techniques seront d'une grande utilité pour la beauté extérieure de votre peau et pour votre santé en général. Elles ont pu résoudre des problèmes de peau tenaces, comme l'acné. Elles ont amélioré l'apparence et l'élasticité de la peau, augmenté la vitalité, fait disparaître les douleurs articulaires et musculaires et favorisé le processus de régénération de l'organisme dans son ensemble.

L'utilisation de ces techniques est simple, mais avant de commencer, voici quelques notions du fonctionnement du système lymphatique et de l'importance de ses mystérieux mécanismes d'élimination pour la santé.

La mer silencieuse

Votre corps est constitué de plus de 75% d'eau. Le prix Nobel, Albert Szent-Györgyi, l'a exprimé poétiquement de la manière suivante: "La vie, c'est l'eau dansant aux accords de la matière solide". Telle est l'importance capitale de l'eau dans tous les processus vitaux. Un biologiste français a renchéri avec un certain humour: *"L'homme est un amphibien. Même le corps de la plus belle femme n'est qu'un aquarium contenant cinquante litres d'eau de mer tiède, dans laquelle vivent des millions de cellules qui se battent pour leur survie".*

Cinq litres de cette "eau de mer" se trouvent distribués dans votre sang, cinq dans les sécrétions diverses et les sucs digestifs et presque tout le reste dans votre lymphe, parfois aussi appelée "sang blanc". Grâce à la lymphe, un échange continu s'effectue entre les myriades de cellules de votre corps et leur milieu externe, ces fluides qui les baignent continuellement. L'oxygène et les nutriments pénètrent et s'échangent contre les produits de dégradation métaboliques des cellules, le tout par le biais de l'eau. Pour que les cellules soient nourries correctement et qu'elles restent vitales, pour que vos muscles restent vigoureux et fermes, cet échange doit pouvoir se faire sans entraves, et l'eau elle-même doit être relativement pure, non polluée.

Dans votre corps, des substances nutritives et de l'oxygène sont transportés vers les tissus et les cellules à travers le courant sanguin. La pression artérielle force le sang jusqu'aux extrémités des capillaires, et à travers eux jusqu'aux espaces interstitiels des cellules, pour permettre l'échange que nous avons mentionné. La lymphe interstitielle, chargée de toxines et de matériaux métaboliques, est collectée dans les minuscules canalicules lymphatiques et drainée dans des vaisseaux lymphatiques pour être purifiée et détoxiquée.

Le système lymphatique est hautement organisé et structuré. Il se compose d'un réseau de nombreux petits canaux qui desservent tout votre organisme. Presque tous les tissus sont équipés de canaux lymphatiques qui drainent l'excès de fluides et les toxines. Ce liquide opalescent charrie les déchets cellulaires à travers ces minuscules canaux jusqu'à des vaisseaux plus grands, puis à travers les ganglions lymphatiques situés dans les régions de l'aine, sous-axillaire et du cou. Les ganglions lymphatiques filtrent les liquides, en éliminent les impuretés et les cellules mortes; ils sont également le lieu où se fabriquent les anticorps qui combattent les infections. Après la purification dans les ganglions, le fluide est rejeté dans le sang.

Le système lymphatique travaille inlassablement pour purifier et nettoyer l'organisme et réduire les excès de mucosités et les déchets.

L'attraction terrestre

Le réseau microscopique des canaux lymphatiques ressemble à celui des capillaires sanguins, sauf qu'il est plus fin. Le système lymphatique est, en bien des façons, semblable au système sanguin à une exception majeure près: il ne possède pas de propulsion proprement dite comme celle du muscle cardiaque pour le sang. Ses fonctions nutritives, équilibrantes et éliminatrices sont presque entièrement dépendantes des forces gravitationnelles terrestres et de la pression naturelle musculaire qui s'exerce en bougeant notre corps. Ces contractions musculaires et les mouvements corporels, associés à des facteurs biochimiques tels que la quantité de protéines présentes dans le fluide, assurent le mouvement de la lymphe et rendent possible les importantes tâches du nettoyage de l'organisme.

Pour un bon fonctionnement du système lymphatique, pour prévenir l'accumulation de déchets métaboliques et de toxines diverses, vous avez besoin de stimuler vos muscles souvent et vigoureusement. C'est la raison pour laquelle l'exercice régulier, tel une longue marche avec des chaussures confortables, est tellement important.

Chapitre 4

A la rencontre de l'énergie

Si vous menez une vie active et que votre régime alimentaire est basé sur des nutriments naturels, pas trop gras, frais et riches en fibres, alors votre lymphe coulera facilement et votre corps s'auto-nettoiera efficacement. Si, au contraire, vous menez une vie sédentaire et que votre régime ressemble plus ou moins à la moyenne occidentale: riche en graisses, protéines et aliments dénaturés, votre système lymphatique fonctionnera de manière inefficace. Il n'arrivera pas à éliminer complètement les déchets toxiques produits dans les tissus et autour des articulations. Ceci peut être la cause d'un nombre incalculable de problèmes allant de l'oedème, la rétention d'eau dans tous les tissus, la raideur des articulations et des muscles, l'acné, la cellulite, le vieillissement prématuré, un tonus cutané insuffisant, jusqu'aux maladies dégénératives.

L'exercice vous fournit une clé importante pour préserver votre jeunesse, maintenir une grande vitalité et vous sentir parfaitement bien dans votre peau. Saviez-vous, par exemple, que l'exercice régulier est extrêmement efficace contre la dépression?

Au cours de l'histoire et de notre évolution, nos corps ont été construits pour se mouvoir. Ce n'est qu'au vingtième siècle que nous sommes devenus des "lézards de salon". Le résultat de cette inactivité est que de nombreuses personnes ont une vitalité amoindrie qui les rend vulnérables à toutes sortes de maladies, de l'ostéoporose aux crises cardiaques. Le manque d'exercice étant d'ailleurs un facteur de risque majeur et reconnu pour ces dernières. En outre, l'exercice est bénéfique autant pour le corps que pour l'âme.

Au cas où vous seriez en train de penser que l'on vous demandera de devenir un coureur de marathon ou de faire des exercices aérobiques pénibles pour rester en forme, vous serez surpris de réaliser la simplicité du vrai fitness présenté dans ce livre.

Un pas à la fois

Des promenades quotidiennes à cadence rapide, par exemple, ne sont pas seulement agréables, mais un facteur de prévention de la maladie. Elles aident votre corps à se nettoyer de l'intérieur et acroissent la vitalité, tout en clarifiant votre esprit.

Jusqu'où? A quelle cadence? Quelle distance? Tout cela dépend de votre forme actuelle. Si vous n'avez pas l'habitude de l'exercice, commencez lentement et augmentez ensuite graduellement votre vitesse, sur plusieurs semaines si nécessaires, pour atteindre les cinq kilomètres/heure, ce qui veut dire qu'en 15 minutes, vous parcourrez aisément un kilomètre. Lorsque vous y arriverez facilement, vous pourrez marcher quatre kilomètres par jour en 45 minutes environ et vous aurez un exercice complet, plaisant et efficace qui vous fournira beaucoup d'énergie et vous laissera un sentiment de bien-être.

Bien sûr, il existe d'autres alternatives: la natation, le jogging ou le mini-trampoline, particulièrement efficace pour la stimulation du nettoyage interne. Mais chacune de ces activités demande un certain équipement ou un déplacement, alors que rien n'est nécessaire pour la marche: ni entraînement spécial, ni argent.

Faites un pari avec vous-même: celui de marcher tous les jours durant 45 minutes, qu'il vente ou qu'il pleuve, pendant les 10 jours de cure. Si vous avez des enfants jeunes, emmenez-les avec vous dans la poussette ou le landau. Les enfants plus âgés bénéficieront tout autant que vous de cet exercice. Si le temps est mauvais, couvrez-vous d'un imperméable et adaptez vos vêtements à la température. Vous pouvez aussi vous lever avant tout le monde et sortir très tôt. Vous pouvez faire à pied le parcours qui vous mène à votre travail, en vous munissant d'une paire de chaussures de marche. Prenez le bus ou le métro et descendez à quelques kilomètres de votre travail, puis parcourez cette distance à pied. Arrivé(e) au travail, remettez vos escarpins...

Bougez pour rester jeune!

Les recherches les plus récentes en matière de vieillissement ont permis quelques conclusions remarquables. Ni une pilule, ni une potion magique, ni quelque traitement de choc peuvent modifier les effets dévastateurs de l'âge, mais tout simplement l'exercice. La quantité régulière d'activités physiques détermine votre niveau de ce qu'on appelle le "VO2 max".

Dans le jargon scientifique, "VO2 max" veut dire "consommation maximale d'oxygène", la mesure la plus essentielle des performances de votre coeur et de vos poumons. Cette mesure décroît normalement régulièrement après 30 ans, au rythme d'environ 1 % par an, simplement parce qu'à l'inverse de nos ancêtres qui restaient physiquement actifs durant toute leur vie, nous menons une vie surtout sédentaire. Le résultat est que nous semblons vieillir plus vite, nous expérimentons une baisse des performances cardio-vasculaires et pulmonaires, nous perdons de la substance musculaire et osseuse, notre peau se ride, se fane, nous souffrons d'une raideur progressive des articulations. Ces changements, liés au processus du vieillissement, semblent aller de pair avec le déclin des valeurs "VO2 max" individuel. Mais certaines recherches récentes ont prouvé que ce déclin n'est pas inéluctable; si une personne de 35, 55 ou même 75 ans s'exerce régulièrement, elle peut restaurer les valeurs "VO2 max" d'une personne plus jeune. Le niveau d'énergie augmente alors, les paramètres du système cardio-vasculaire (nombre de battements, niveau de cholestérol et de lipides) retournent à des valeurs antérieures, l'hypertension sanguine baisse, les articulations redeviennent flexibles, la déminéralisation des os est jugulée, la masse musculaire s'accroît, la graisse fond, et même le niveau d'intelligence augmente!

Énergie en permanence

Le physiologiste J.L. Hodgson, de la Pennsylvania State University, a mené des études qui démontrent qu'un individu inactif de 70 ans qui commence un programme d'activité corporelle modéré peut s'attendre à voir sa capacité de transport d'oxygène (VO2 max) se "rajeunir" de quelque 15 ans. Biologiquement, il aurait donc 55 ans. Si cette même personne augmentait ses performances pour atteindre celles d'un athlète, elle pourrait théoriquement regagner 40 ans de "VO2 max", avec tous les atouts que cela implique.

La capacité de l'exercice physique à contrer les effets du vieillissement précoce est telle qu'un autre chercheur, le Dr Walter Bortz, a écrit dans le Journal de l'Association médicale américaine: *"Il semble très im-*

probable que, dans le futur, un médicament ou une technique médicale puisse atteindre les mêmes objectifs dans la lutte contre le vieillissement". Bortz a commencé par étudier la relation entre les changements dus à l'âge et à l'inactivité en ayant une jambe dans le plâtre durant six semaines. Il remarqua, lorsque le plâtre fut enlevé, que sa jambe était raide, flétrie et douloureuse, et qu'elle semblait appartenir à un corps qui avait 40 ans de plus. Ce fut le point de départ de ses recherches. Elles l'ont amené à constater qu'un manque d'exercice produisait des changements corporels semblables à ceux associés au vieillissement, mesurables presque à travers chaque paramètre. L'exercice physique régulier peut aussi en atténuer, puis en modifier les effets.

Herbert de Vries, expert en gérontologie au Centre Gériatrique Andrus de l'Université de la Californie du Sud, a pu démontrer dans une étude sur plus de 200 sujets que les hommes et les femmes de 60 ou 70 ans peuvent devenir aussi "jeunes" que des individus de 30 ans leurs cadets. *"L'exercice physique a pour ainsi dire retardé les montres biologiques de nos volontaires"*, dit-il. Les personnes interrogées ont le plus souvent cité qu'elles se sentaient plus énergiques. Plus vous êtes en forme, plus vous avez de l'énergie. Selon de Vries, un corps qui n'est pas habitué à l'activité se fatigue d'autant plus vite au moindre effort.

La jouvence de votre peau

L'exercice physique régulier dont vous bénéficiez, soit durant votre marche rapide de 45 minutes chaque jour, la natation, l'entraînement aérobique, la course, le trampoline ou la rame, pratiqués au moins quatre ou cinq fois par semaine, améliore la circulation sanguine de votre peau, stimule le flux de la lymphe, la capacité de transport de l'oxygène et autres substances nutritives à toutes vos cellules, tout en les libérant de leurs déchets.

James White, physiologue de l'exercice, de l'Université de San Diego/Californie, a découvert l'efficacité réelle de l'exercice par rapport au retardement et à la réversibilité des effets de l'âge sur la peau. Dans une expérience avec deux groupes de femmes âgées, un des deux groupes a suivi un programme d'exercice sur le mini-trampoline, l'autre était constitué de femmes sédentaires. A la fin de l'étude, il était évident que celles s'étant exercées au mini-trampoline avaient un aspect plus jeune, un meilleur teint de la peau et moins de rides que le groupe sédentaire. White a été surpris de constater que l'exercice réduisait également les poches sous les yeux.

D'autres changements encore, communément associés à l'âge, qui sont réversibles ou qui peuvent être améliorés sont: hypertension, perte de flexibilité des articulations, niveau de cholestérol trop élevé, perte de minéraux des os (ce qui implique, particulièrement pour les femmes après la ménopause, le risque de fractures et le relâchement des tissus (ventre, cuisses...).

Aucun doute: l'exercice est impératif, dans la cure de 10 jours. Et même si une marche de 45 minutes n'ait pas l'attrait mystérieux d'une cure dans un centre luxueux, les bénéfices, à long terme, vous seront acquis sans oublier vos économies!

Chapitre 5

Brossez votre peau

L'une des meilleures techniques pour stimuler le drainage lymphatique et pour effectuer un nettoyage de printemps de votre corps est le brossage de la peau. Il encourage le mouvement des fluides intertissulaires et décongestionne les zones où la lymphe stagne et les toxines se sont accumulées. Cette méthode, extraordinairement efficace et pourtant douce, embellira votre peau, l'assouplira et la stimulera.

Le brossage de la peau peut aussi être utilisé pour combattre la cellulite chez la femme, une affection caractérisée par la stagnation du flux lymphatique qui entraîne une concentration excessive de protéines, de graisses et de déchets dans certaines régions du corps. Il en résulte que la peau présente un aspect altéré, appelé "peau d'orange" ou "cellulite", altérations qui touchent également le tissu conjonctif, amenant des changements de silhouette.

Pour la première fois, j'ai entendu parler du brossage de la peau par un médecin anglais spécialisé dans le traitement de maladies chroniques par des méthodes naturelles.

La technique consiste à brosser votre peau durant cinq minutes par jour, avant de prendre votre douche, avec une brosse en fibres naturelles. Vous commencez par les épaules et couvrez tout votre corps, à l'exception du visage, en travaillant souplement. Poursuivez par les bras et le tronc, dans un mouvement vers le bas, puis vers le haut, en remontant depuis les pieds, les jambes, les cuisses et les hanches.

Vous n'avez pas besoin d'insister: un seul passage suffira amplement. La fermeté de la pression dépendra de l'état de votre peau et de votre corps. Commencez doucement, et bientôt, votre peau supportera davantage de pression et de vigueur de la part de la brosse.

Ce genre de brossage quotidien de la peau est l'une des techniques les plus simples et les plus efficaces contre les cuisses déformées ou les bourrelets disgracieux.

Son action est double: premièrement, le brossage élimine les déchets toxiques à travers la surface de la peau, non seulement dans les zones à problème ou à cellulite, mais partout. Deuxièmement, il stimule le drainage lymphatique dans son ensemble.

Testez-le vous-même!

Etant donné que votre peau est l'organe le plus grand et l'un des plus importants pour l'élimination (presque un tiers des déchets de votre organisme sont évacués par la peau), une peau brossée régulièrement est débarassée d'une quantité impressionnante de toxines qui resteraient autrement dans le corps et entraveraient son fonctionnement métabolique et cellulaire.

Vous pouvez vérifier vous-même l'efficacité de cette technique par une petite expérience. Tous les jours, avant de prendre votre douche, brossez votre peau durant trois à cinq minutes. Utilisez ensuite un tissu en coton humide pour frotter votre peau après le brossage, puis faites-le sécher. Après quelques jours, l'odeur du tissu vous révèlera la quantité de déchets qui ont été éliminés par le brossage quotidien de la peau et vous convaincra définitivement de son utilité. Imaginez tous ces déchets encombrants qui seraient restés dans votre organisme et vous réaliserez combien vous vous sentez plus légers sans eux!

Chapitre 6

Fabuleuse fièvre

Le traitement par la chaleur est une autre technique très efficace de nettoyage. Il y a plus de deux mille ans, le grand médecin Parmenidès déclara: "Donnez-moi une possibilité de créer de la fièvre et je guérirai n'importe quelle maladie". De nos jours, les centres de cure exclusifs en Autriche, en Suisse et en Allemagne utilisent encore le sauna ou des bains chauds spéciaux dans leur programme de traitement pour soulager de nombreuses affections. Du point de vue de la beauté, la chaleur peut faire beaucoup de bien pour les échanges circulatoires de la peau, pour son grain, sa texture, également pour l'élimination de la cellulite et pour améliorer le moral.

Bien des problèmes de peau spécifiques, tels l'acné par exemple, ou une peau morne et fatiguée, sont une indication que l'organisme n'arrive pas à évacuer ses déchets correctement. Ces derniers se concentrent en certains endroits du corps et provoquent des éruptions cutanées ou un teint grisâtre et malsain. *Théoriquement, chacun d'entre nous devrait pouvoir manger ce qu'il désire, pour autant que le corps élimine complètement les déchets qui en résultent.* Un sauna ou un bain chaud peuvent nous aider à arriver à ce résultat. Selon des médecins européens, spécialisés dans divers traitements thermiques, la chaleur fait bien plus encore pour le corps. Elle est notamment bénéfique pour l'état général de la peau, apporte une sensation de calme mental et de la vitalité physique. La chaleur peut également inhiber ou ralentir la croissance des virus et bactéries. La transpiration induite artificiellement est l'une des meilleures formes de nettoyage corporel profond.

Les Finnois, experts mondiaux du sauna (il y a un sauna pour 7 habitants!), accroissent les effets du sauna en fustigeant leurs extrémités avec des branchages de bouleau, stimulant ainsi davantage la circulation. Ils sont convaincus que le sauna rend les articulations et les membres plus souples, les mouvements plus gracieux, tout en relaxant les muscles et en rafraîchissant l'esprit. Ils vont jusqu'à dire qu'il augmente la capacité de jouir de la vie tout comme celle de travailler.

Aucun traitement thermique par contre ne devrait être appliqué à une personne qui n'est pas en bonne santé ou qui a de la fièvre.

Comment prendre votre sauna

Voici quelques règles pour vous aider à retirer le maximum de bienfaits de ce traitement profondément relaxant et nettoyant, qui peut représenter une grande aide à celui qui suit la cure de 10 jours:

1. Prenez votre temps. Les effets seront plus marqués si vous prenez votre sauna calmement, de manière à faire plusieurs séances dans la chaleur, avec des courtes pauses entre deux, et un repos de trente minutes au moins, ou mieux d'une heure, après le sauna.

2. Après un repas, attendez au moins 2 heures avant d'aller au sauna. N'en prenez jamais durant un jeûne ou une cure de jus (bien qu'un sauna avant de commencer une cure est très bénéfique).

3. Ne prenez jamais de sauna si vous souffrez de quelconques symptômes d'une maladie.

4. Ne portez pas de vêtements, ou tout au plus un linge autour de vous. Les vêtements entravent l'effet de la chaleur.

5. Enlevez bijoux et montre, ils deviendraient très chauds.

6. Restez dans la chaleur seulement cinq à quinze minutes d'affilée, rafraîchissez-vous ensuite dans l'eau froide ou sous une douche froide. Reposez-vous avant de retourner au sauna.

7. N'humectez pas les pierres durant la première séance, et soyez parcimonieux avec l'eau par la suite.

8. Allongez-vous sur le banc du sauna si vous le pouvez, ou restez assis(e) tranquillement. Une fois que vous serez habitué(e) à la chaleur, installez-vous sur le banc supérieur.

9. Prévoyez au moins une demi-heure pour la relaxation finale; allongez-vous et laissez votre corps se réajuster à la température normale de la pièce. Ceci est très important afin que vous en retiriez tous les bénéfices possibles.

10. Ne vous séchez pas avec le linge après le sauna. Laissez votre peau sécher naturellement à l'air. Puis prenez une douche.

Le bain chaud

Si vous n'avez pas accès à un sauna, vous pouvez obtenir un effet similaire, en ce qui concerne l'élimination des déchets par la peau et la relaxation profonde, en prenant un bain chaud à température contrôlée, pour autant que votre baignoire vous permette d'immerger tout votre corps, sauf la tête. La salle de bain doit être confortable et tempérée.

La température du bain est cruciale: elle doit se situer entre 40-43° C, c'est-à-dire quelques degrés au-dessus de la température normale du corps. Un bain plus chaud énervera l'organisme. Mesurez la température toutes les cinq minutes au moyen d'un thermomètre, et rajoutez de l'eau chaude pour maintenir le bain à la température voulue.

Restez 15 à 20 minutes dans ce bain, avec votre corps entièrement immergé, votre tête dépassant de l'eau. Puis sortez du bain et enveloppez-vous rapidement dans un grand linge-éponge. Allongez- vous ensuite pendant 20 minutes, en vous couvrant chaudement.

Lors de la cure de 10 jours, il est conseillé de prendre un sauna deux fois, de préférence le premier et le sixième jours. Le bain chaud peut être pris tous les trois jours si vous le désirez. Toutefois, si pour une raison ou pour une autre, vous deviez vous sentir inconfortable avec le sauna ou le bain chaud, passez à une autre technique. Ne vous forcez jamais à "souffrir" si la chaleur crée de la tension dans votre corps ou votre esprit.

Chapitre 7

L'expiration

Saviez-vous que la manière dont vous respirez peut vous aider à débarrasser votre organisme de ses déchets et vous apporter plus de vitalité et de beauté?

Le processus de la respiration apporte à vos cellules l'oxygène dont elles ont besoin et les libère du gaz carbonique accumulé, un produit de l'oxydation et des processus énergétiques cellulaires. S'il devait s'accumuler, le gaz carbonique empoisonnerait vos cellules et finalement les détruirait. Des minuscules vaisseaux sanguins transportent les déchets échangés et les ramènent aux poumons en passant par le coeur. Ils y sont éliminés lorsque vous expirez, et échangés par de l'oxygène frais lorsque vous inspirez - du moins, c'est ainsi que cela *devrait* se passer.

Chez la plupart des gens, ce processus vital d'apport d'oxygène et d'élimination du gaz carbonique est insuffisant et inefficace. Ceci peut être dû à diverses raisons, par exemple, une anoxie (= manque d'oxygène) dans les tissus, à cause d'une alimentation trop riche en graisses qui a tendance à priver les cellules d'oxygène; ou bien une insuffisance en fer, en vitamine B12, en acide folique ou en vitamine E, qui peuvent produire une anémie. Mais bien plus souvent, il s'agit d'une respiration insuffisante. La plupart d'entre nous n'utilisent que la moitié du potentiel respiratoire, et par conséquent, n'éliminent que la moitié des déchets. Nous ne fournissons alors que la moitié de l'oxygène que nous pourrions mettre à disposition de notre organisme. Et comme nous n'expirons pas entièrement, chaque nouvelle inspiration contribue à repousser encore plus profondément l'air vicié contenu dans les sacs alvéolaires. Le niveau d'oxygène dans les minuscules alvéoles est alors nettement inférieur à ce qu'il pourrait être si l'air apporté était frais. L'échange gazeux et le niveau d'oxygène disponible dans le sang, le cerveau, les nerfs, la peau et le restant du corps, sont en dessous de la marge optimale.

Si nous considérons uniquement le taux d'oxygénation du point de vue de la peau, nous nous apercevons qu'il peut faire une grande différence. 7 % de l'oxygène inspiré sont utilisés directement par la peau. Lorsque les cellules dermiques ne reçoivent pas l'oxygène dont elles ont besoin, elles ne peuvent pas se diviser aussi rapidement, ni éliminer les déchets aussi efficacement que si cet apport était maximal. Cette carence anoxique contribue insidieusement au vieillissement rapide des tissus.

Des niveaux sub-optimaux d'oxygène dans l'organisme affectent également le fonctionnement du cerveau et des cellules nerveuses. En fait, ils existent de nombreuses indications que bon nombre de comportement mentaux déficients associés à l'âge (tel que la sénilité, la perte de mémoire et certaines maladies physiques) peuvent être le résultat d'une mauvaise respiration, de bloquages du système circulatoire ou d'une combinaison des deux. Certains chercheurs croient également que l'air que nous respirons serait responsable de la création du champ énergétique subtil qui entoure et baigne tous les corps vivants. Ce champ énergétique peut, en effet, varier selon l'état de santé de l'individu.

A un niveau plus simple, certains médecins ou thérapeutes, comme feu le Capitaine William Knowles, ont obtenu d'excellents résultats en traitant des cas de fatigue chronique, des dépressions et divers désordres nerveux, simplement en enseignant aux patients l'art de respirer pleinement. Des changements dans votre façon de respirer, par l'utilisation de techniques spécifiques de contrôle du souffle, vous aideront non seulement à détoxiquer votre corps, mais aussi à en accroître la vitalité, à calmer les émotions et le mental. La cure de 10 jours ne serait pas complète sans l'apprentissage de la respiration profonde, nécessité absolue pour la santé, la vitalité et la beauté.

L'art de la respiration profonde

Pratiquez cet exercice durant 5 minutes, deux fois par jour, pour accroître votre capacité pulmonaire, diminuer votre tour de taille, purifier votre sang et vous aider à approfondir l'art de la respiration complète.

1. Commencez par respirer avec le thorax et l'abdomen. La plupart des personnes ne respirent qu'avec la partie supérieure du corps, ce qui signifie qu'elles n'utilisent pas correctement le diaphragme ni l'expansion des poumons à leur capacité maximale. Cette respiration partielle, qui inhibe l'expression émotionnelle, est souvent associée avec des états d'anxiété, de dépression ou de soucis. Pour vérifier votre respiration abdominale, étendez-vous sur le sol ou sur un lit, à plat, et placez vos mains sur le ventre. Est-ce que votre ventre se soulève lorsque vous inspirez et s'abaisse à l'expiration? Il devrait le faire. Exercez-vous, dans cette position, durant cinq minutes, matin, midi et soir, jusqu'à ce que vous obteniez la sensation et le contrôle de cette respiration abdominale.

2. Assurez-vous qu'à chaque expiration, vous rejetez tout l'air que vous avez inspiré. En expirant davantage d'acide carbonique, vous éliminerez plus de déchets cellulaires et utiliserez à sa pleine capacité chaque nouvelle inspiration de vos poumons.

3. Exercez-vous tous les jours: aérobic, marche, jogging, natation, trampoline, vélo, danse, ou ce que vous préférez. Les poumons ont besoin d'être stimulés quotidiennement pour fonctionner à leur plein rendement.

Vous pouvez aussi pratiquer l'exercice suivant, quatre fois de suite, pour éliminer des tensions et/ou clarifier vos idées:

- Posez vos mains sur les côtes, juste au-dessus de la taille.
- Expirez complètement.
- Inspirez à présent doucement à travers le nez, en laissant votre abdomen se remplir autant que possible, en comptant jusqu'à cinq.
- Continuez à inspirer, en comptant encore jusqu'à cinq, en remplissant cette fois l'espace sous les côtes, sentant leur expansion sous vos mains, vers le haut de votre poitrine (sans lever les épaules!).
- Retenez votre respiration en comptant jusqu'à cinq, puis laissez sortir votre souffle à travers la bouche, en comptant lentement à dix.
- Sentez consciemment le mouvement des côtes sous vos mains, puis celui de votre abdomen en rejetant l'air complètement.

Chapitre 8

Se libérer du stress maintenant!

Le stress prolongé et excessif peut être nocif pour la santé, en grande partie parce que presque tous les processus biochimiques associés au stress ont tendance à acidifier le corps et à causer une "pollution interne". Le stress n'est pas seulement négatif. Nous en avons tous besoin pour vivre. Sans défis, nous serions incapables de connaître l'enthousiasme, l'excitation, l'énergie créatrice, qui sont autant de facettes importantes de la santé et de la joie de vivre. Le stress, à lui seul, n'est pas mauvais pour vous, si vous savez le gérer correctement. Une partie importante de la cure de 10 jours inclut une technique pour la gestion du stress.

Apprivoisez le stress

Stress et relaxation sont comme deux faces d'une pièce de monnaie. Pour transformer le stress en une facette positive, vous permettant de maintenir et d'accroître votre vitalité et votre santé même lorsque tout se complique, vous devez apprendre à vous mouvoir à volonté de l'état stressé, dynamique, vers l'état calme et restaurateur. Le stress deviendra alors un allié plutôt qu'un ennemi.

Il y a plusieurs approches. Tout d'abord, votre programme d'exercice et votre régime riche en aliments crus vous aideront. Des hobbies, des ballades agréables ou l'écoute de la musique peuvent également aider. *Mais la meilleure façon d'équiliber le stress auquel vous êtes exposé est probablement celle d'apprendre à "enclencher" votre réponse-relaxation à volonté.* Cette pratique quotidienne se fait par un exercice mental simple durant 10 à 15 minutes, matin et soir. Exercez-vous n'importe où, dans le train ou en route pour votre travail, si vous le désirez. Vous arriverez détendu(e) et bien disposé(e), prêt(e) à ce qui vous attend. Cette technique a été crée par le Dr Herbert Benson, un cardiologue de l'Ecole de Médecine de l'Université de Harvard. Ses résultats bénéfiques ont été largement prouvés par des tests en laboratoire. Voici comment procéder:

Le réflexe de relaxation

- Assis tranquillement sur une chaise, en ayant écarté les sources de tout dérangement, fermez vos yeux.

- Laissez-vous aller, relâchez la tension de vos muscles en commençant par les pieds et en remontant jusqu'au visage.
- Maintenant, en respirant normalement à travers le nez, devenez conscient(e) de l'air qui pénètre dans votre corps. Ne forcez rien, observez seulement ce qui se passe.
- En expirant, récitez mentalement le mot "un". Le processus est donc le suivant: inspirez ... expirez ... "un" ... inspirez ... expirez ... "un" ... etc... (vous pouvez utiliser également tout autre mot qui vous plaise).
- Continuez ainsi durant 10 ou 15 minutes. Ouvrez vos yeux brièvement pour vérifier le temps écoulé, mais n'utilisez pas de réveil.
- Lorsque vous aurez fini, ouvrez vos yeux lentement. Ensuite, restez assis(e) tranquillement, une minute ou deux, avant de reprendre vos activités habituelles.
- Ne vous souciez pas de savoir si vous faites "bien" cet exercice. Essayez de maintenir une attitude passive, et laissez la relaxation prendre le dessus, à son rythme. Si des pensées vous distrayent, ne vous faites pas de soucis. Laissez-les passer, et revenez tranquillement à la respiration et au mot que vous aurez choisi de réciter dans votre for intérieur.

La pratique de cet exercice, une ou deux fois par jour, rendra le réflexe de relaxation plus prompt. A long terme, vous seconderez aussi le processus d'élimination de toxines dues au stress. Cet exercice est toutefois déconseillé juste après un repas. Le processus de la digestion peut inhiber l'effet relaxant.

Dix jours de pratique, pendant que vous êtes au régime, vous enverront sur une nouvelle trajectoire où le stress sera votre allié au lieu d'être votre ennemi. Cette petite technique vous sera acquise pour la vie.

Chapitre 9

Le commencement

Un régime commence toujours demain... et demain, il commencera le jour d'après... C'est tellement difficile de trouver un régime qui s'intègre dans la routine quotidienne que l'on peut remettre sa décision à tout jamais. La cadence de la cure de 10 jours est toute différente: elle commence par un jour de préparation au régime (le vendredi) et se déroule sur deux week-ends et la semaine entre eux.

Ce régime est d'une facilité telle que même si vous travaillez à plein temps et que vous devez manger hors de votre domicile une fois par jour, vous pouvez encore lui rester fidèle. Il n'affecte pas seulement votre corps, mais agit aussi sur votre esprit et votre mental, sur votre être tout entier.

Le régime est divisé en quatre parties:

- *Premier jour = introduction pour préparer votre corps au processus d'élimination.*

- *2e et 3e jours = régime aux fruits favorisant l'élimination rapide.*

- *Du 4e au 8e jours = fruits et légumes, stockage d'éléments nutritifs de haute valeur.*

- *9e et 10e jours = la "reprogrammation" qui devrait vous conduire à une meilleure pratique, préambule pour une alimentation plus équilibrée.*

Jour d'introduction (vendredi)

Pour préparer votre corps aux changements d'une alimentation essentiellement crue, commencez le premier jour par éliminer tous les stimulants: café, thé, alcool. Evitez également le pain et les hydrates de carbone cuits, comme les pâtes et les céréales. Préparez une salade de fruits ou de légumes pour votre dernier repas du jour. C'est d'ailleurs un excellent moment pour commencer à faire pousser des graines germées à la maison. Vous pouvez aussi les acheter dans le commerce si vous préférez.

Préparation des graines germées

Les graines germées sont un élément important de la cure de 10 jours. Comme quelques jours sont nécessaires à les faire pousser, préparez-les dès le premier jour. S'ils sont prêts plutôt que prévu, vous pourrez les conserver au réfrigérateur.

Pratique
Suivez les indications énoncées plus haut. Mangez une salade tôt le soir autour de 18 heures, et rien d'autre, à part une tisane avant de vous coucher. Ceci repose votre système en lui accordant 12 heures pour éliminer.

2e et 3e jours: régime aux fruits

Le régime aux fruits est l'un des meilleurs moyens pour éliminer les déchets, car son effet est très puissant. Vous pourrez remarquer des réactions de "nettoyage" telles que maux de tête, diarrhée, irritabilité ou fatigue au cours des trois premiers jours. C'est pourquoi nous conseillons de commencer la cure un vendredi, afin que vous puissiez vous reposer le week-end.

Le régime fruitier agit de plusieurs manières. Purement physique, il agit d'abord comme laxatif et comme "brosse intestinale" qui nettoie vos intestins. En outre, les fruits sont alcalinisants: la plupart des déchets responsables des maladies sont acides. Lorsque votre corps peut s'en débarrasser, ils se retrouvent d'abord dans le courant sanguin. L'alcalinité des fruits aide à les neutraliser afin qu'ils puissent être rapidement éliminés. De cette façon, vous minimisez la possibilité de réactions désagréables pendant que votre organisme se nettoie.*

---

*voir à ce sujet *"Acide-Base: une dynamique vitale"*, du Dr Ph.-G. Besson (bibliographie)

Les fruits ont également un contenu élevé en potassium, qui débarrasse le système d'un excès d'eau responsable d'oedèmes dans les tissus. Le potassium augmente l'oxygénation des cellules et en élève la vitalité.

Réactions d'élimination

L'effet de l'alimentation crue étant très marqué, il est probable que vous expérimentiez une ou plusieurs réactions de détoxication. Le cas échéant, ne vous alarmez pas, il s'agit d'une manifestation faisant partie du processus d'élimination. Mais il est important d'en prendre conscience. De telles réactions peuvent inclure des maux de tête, des douleurs musculaires ou articulaires, fatigue, sensibilité, émotivité. Elles sont dues à une mobilisation rapide des toxines et des déchets cellulaires et systémiques. Si vous en faites l'expérience, retirez-vous dans un endroit calme et reposez-vous. Pratiquez la respiration, mais ne surmenez pas votre organisme par des exercices poussés, surtout les deux premiers jours. Il travaille très dur à se régénérer et à s'auto-nettoyer et n'a pas besoin de stimulation additionnelle.

Choisissez vous-mêmes votre fruit (au singulier) de la journée. Chaque fruit à ses propriétés particulières. Les pommes, poires, ananas, papayes, mangues et pastèques sont particulièrement indiqués. Les précisions suivantes pourront vous être utiles et vous aider à faire votre choix:

Pommes: excellentes pour la détoxication grâce à leur contenu en pectine. La pectine empêche aussi la putréfaction des matières dans les intestins. Leur haute teneur en fibres leur confère d'excellentes propriétés de "brosses intestinales". Les pommes nettoient le foie, le système digestif et stimulent les sécrétions du corps; elles sont riches en vitamines et minéraux.

Raisins: très efficaces pour le nettoyage de la peau, du foie, des intestins et des reins, grâce à leurs propriétés émétiques et anti-mucosités. Les raisins sont une excellente source d'énergie, faciles à assimiler, riches en minéraux; ils favorisent la formation de nouvelles cellules et purifient le sang.

Ananas: possèdent une haute teneur en broméline, une enzyme qui seconde l'action de l'acide chlorhydrique dans l'estomac et contribue à digérer les déchets protéiniques. La consommation d'ananas est apte à réduire les inflammations internes, accélérer la cicatrisation des tissus, équilibrer le système glandulaire et éliminer les mucosités.

Papayes et mangues: ces fruits tropicaux (la mangue à un degré moindre) contiennent une enzyme appelée papaïne, qui ressemble à la pepsine produite par l'estomac et qui, de même que la broméline, aide à dégrader les protéines et leurs déchets dans les tissus. La papaye et la mangue sont indiquées pour nettoyer le tractus digestif et éliminer les troubles d'ordre digestif. Les mangues auraient également des propriétés anti-dépressives.

Pastèque: un merveilleux diurétique et nettoyant de votre organisme. On l'utilise contre les ulcères et l'hypertension et pour calmer le système digestif. Passez une partie de la peau (lavée) de la pastèque, quelques pépins et un peu de chair dans le mixer et buvez-en environ une demi-heure avant un repas composé de pastèque pour obtenir le maximum de bénéfices (la peau est riche en chlorophylle et les graines en vitamines).

Pour fatiguer le moins possible le système digestif, un seul type de fruit est en principe consommé durant une journée Mais si les quantités disponibles sont limitées, vous pouvez changer au milieu de la journée, pourvu que vous laissiez s'écouler au moins 2 heures avant de manger le nouveau fruit. C'est vous qui déterminez la quantité de fruits dont vous avez besoin; ne craignez rien, les fruits ne vous feront pas grossir. Vous remarquerez que vous avez besoin de manger plus fréquemment que d'habitude, car les fruits sont digérés rapidement et ne restent pas dans l'estomac au-delà d'une heure. Il se peut que vous désiriez prendre quatre ou cinq repas de fruits dans la journée.

Un petit conseil: ne mangez pas de fruits continuellement, cela ne ferait que fatiguer le système digestif. Vous devez sentir la sensation de faim à chaque fois avant de passer à table.

Pratique

Au lever, buvez le jus d'une orange et d'un demi-citron, dilué avec de l'eau fraîche dans un grand verre, ou une tasse de tisane avec une rondelle de citron. Menthe, citronnelle et verveine sont d'excellentes tisanes "réveille-matin".

Première chose, le matin: brossage de la peau.

Prévoyez plusieurs repas à base de fruits ces jours-là. Choisissez-en un pour le premier et un autre pour le deuxième jour: pomme, raisin, ananas, papaye, mangue, pastèque. Essayez de consommer le même fruit de manières différentes: râpez-le, coupez-le en morceaux ou en tranches, ou bien faites-en un frappé dans le mixer, en ajoutant un peau d'eau, éventuellement un peu de glace, et quelques épices (gingembre, cannelle, noix de muscade) avec modération. Vous pouvez aussi en extraire le jus, mais ainsi, vous perdrez les fibres. Il vaut mieux boire le jus de fruit une ou deux fois par jour seulement, et manger le fruit à l'état naturel le reste du temps.

4e au 8e jours: alimentation active

Les processus d'élimination continuent à être stimulés en apportant à vos cellules nouvellement "nettoyées" tous les nutriments nécessaires pour fortifier et équilibrer l'organisme. Les vitamines, minéraux et enzymes dans les légumes crus et les germes vont propulser les cellules paresseuses dans l'action.

Commencez par un petit-déjeuner à base de fruits, très important pour encourager votre foie à se défaire rapidement des toxines stockées. Le déjeuner consiste en une grande salade ou en des crudités et des graines germées, garnies de quelques graines de tournesol ou d'amandes blanchies. Le dîner se composera d'un plat de légumes cuits à la vapeur ou en friture (au wok), avec une sauce à base de crudités mixées. Le déjeuner et le dîner sont interchangeables et dépendant de votre emploi du temps. Même si vous devez manger au restaurant, cela ne pose aucun problème.

Pratique

Buvez votre potion magique "réveil-le-matin" et procédez au brossage de la peau.

Petit-déjeuner: *fruit. Soit un seul ou une combinaison (pas de bananes). Vous pouvez préparer une salade de* *fruits avec un peu de miel et d'épices ou un fruit-shake dans le mixer: mangue et jus d'orange.*

Déjeuner: *grande salade de légumes crus. Inventez chaque jour de nouvelles combinaisons en choisissant parmi les étalages de saison. Par exemple: carottes râpées, betteraves rouges, chou rouge ou blanc, tomates, poivrons, champignons en tranches, céléri, cresson, chicorée, endives, laitue, radis, raves...*
Les possibilités sont infinies. Rajoutez une bonne ration de graines germées à votre salade et faites votre sauce à base d'huile d'olive vierge, de citron ou de vinaigre de pomme, ou d'un avocat et de mayonnaise. Complétez avec des herbes: persil, ciboulette, basilic. L'avocat, les graines de tournesol, de sésame, entiers ou moulus, les amandes blanchies sont d'excellents compléments à la salade - jouez avec votre imagination!

Dîner: *légumes cuits à la vapeur ou frits dans une cuillerée d'huile d'olive, durant quelques minutes, puis assaisonnés d'herbes fraîches ou séchées et d'un peu de sauce de soja. Mélangez trois ou quatre sortes de légumes: broccolis, chou-fleur, pois mange-tout, carottes, épinards, haricots, chou chinois, pousses de soja, courgettes, etc. Rajoutez des graines de tournesol, de* *sésame, quelques amandes, noix ou cacahuètes dans le wok. Garnissez les légumes d'oignons verts et assaisonnez-les d'une sauce à base d'avocat, épicée ou douce.*

Le déjeuner et le dîner sont interchangeables à votre convenance. Si vous travaillez dans un bureau, vous pouvez emporter des légumes crus, des graines germées et la sauce déjà préparée dans un bocal.

Au restaurant

Lorsque vous devez manger au restaurant, commandez une salade, des crudités ou une assiette de légumes à l'étuvée, sans beurre. Consommez les graines germées le soir, chez vous.

Durant la journée, vous pouvez boire des tisanes et des jus de fruits ou de légumes frais. J'ai remarqué qu'un jus de légumes peut facilement faire l'affaire si un petit creux se présente entre les repas.

9e et 10e jours: reprogrammation

Les deux jours finaux (samedi et dimanche) accoutumeront votre système à un régime contenant plus d'aliments cuits et vous aiguilleront vers une alimentation riche en crudités que vous pourrez savourer par la suite. A chaque repas, l'accent est placé sur les produits frais crus, mais un repas par jour (midi ou soir) contiendra un aliment cuit, par exemple une épaisse soupe aux pois, des légumineuses et/ou des céréales complètes ou un morceau de gibier, de volaille ou de poisson.

Pratique
Au saut du lit: boisson "réveille-matin"; et n'oubliez pas le brossage de la peau!

Petit-déjeuner: *Birchermüesli avec ou sans yoghurt, ou fruits (voir jours 4 à 8).*

Déjeuner: *Une salade aux graines germées et aux légumes (voir jours 4 à 8).*

Dîner: *crudités ou jus de légumes frais. Ensuite, 200 grammes de poisson grillé ou de volaille rôtie sans la peau, ou une soupe "paysanne" à base de lentilles/graines/haricots et légumes. Légumes vapeur, riz complet ou millet, si cela vous tente. Une salade verte. Un fruit frais comme dessert (en option).*

Comme précédemment, le déjeuner et le dîner peuvent être intervertis.

Un mode de vie favorisant la beauté et la joie de vivre

Pendant votre régime, les pressions en provenance de votre environnement peuvent être (ou devenir) contraignantes. Au chapitre 16, vous trouverez quelques "conseils de survie" qui pourront vous aider à y faire face, ainsi que quelques "tuyaux" pour vous permettre une adaptation permanente plus facile, vous menant à une manière de vivre plus pleine, plus riche et plus intense.

Aux chapitres 10 à 14, vous trouverez quelques suggestions et indications pour la préparation de délicieux repas gourmands, véritables mines d'or pour la santé et la beauté. Laissez-vous guider par votre inspiration et composez vos propres recettes. Et n'oubliez pas de continuer à inclure dans votre plan de menus les recettes que vous aurez le plus appréciées, même après la cure!

Personnellement, je trouve que le bouillon de légumes est une aide précieuse pour préparer bien des repas et en rehausser la saveur. J'en recommande vivement l'utilisation durant la cure de 10 jours.

Chapitre 10

Petits déjeuners et boissons

Birchermüesli: magie suisse!

Le müesli aux fruits a été inventé par le renommé médecin Max Bircher-Benner, qui l'a rendu fameux en l'incluant dans son système de guérison basé sur une alimentation essentiellement crue. Lorsque vous préparez le müesli, vous pouvez en prévoir une quantité suffisante pour toute la famille ou en faire un bol à la fois, avec une râpe manuelle. Il en existe de nombreuses variations que vous pouvez explorer, en fonction des fruits de saison, chacune ayant sa saveur et son caractère particuliers.

Birchermüesli
(recette pour une personne)

- 2 c. à soupe de flocons d'avoine (ou une combinaison d'avoine, blé, etc.)
- une pomme ou une poire râpée
- une poignée de raisins secs
- 1/2 citron
- 2 c. à soupe de yoghurt

- 1 c. à soupe de noix râpées (amandes et noix de para)
- 1 c. de miel, de la cannelle ou du gingembre en poudre

Faites tremper les flocons et les raisins la nuit dans un peu d'eau ou de jus de fruit. Combinez ce mélange avec la pomme ou la poire râpée, une giclée de jus de citron et une ou deux cuillerées de yoghurt nature. Au choix, rajoutez du miel et saupoudrez de noix râpées, de cannelle ou de gingembre. Un autre fruit de saison peut remplacer la pomme ou la poire..

Müesli à la banane
Rajoutez une banane coupée en petits morceaux ou écrasez-en une avec un peu de yoghurt ou de jus de fruits et utilisez-la comme "condiment".

Müesli d'été
Rajoutez une poignée de framboises, fraises, mûres ou cerises dénoyautées à la recette de base, ou prenez une pêche ou une nectarine finement coupée en tranches à la place de la pomme ou de la poire.

Müesli d'hiver
Faites tremper durant la nuit des fruits secs tels qu'abricots, sultanines, figues, dattes et poires. Coupez-les en petits morceaux et rajoutez-les aux autres ingrédients de base. Epicez avec une pincée de noix de muscade.

Müesli sans produits laitiers
A la place du yoghurt, utilisez du jus de fruits frais: pomme, orange ou raisin. Pour épaissir le jus, rajoutez-y un peu de fruits frais: banane, poire ou pomme.

Shakes

Shake aux fruits
- 1 tasse de yoghurt nature
- 1 banane mûre
- quelques gouttes d'essence de vanille
- 1 c. à café de miel
- 1 c. à café de noix de coco râpée (en option)

Shake aux noix
Utilisez ces alternatives sans produits laitiers. La recette de base est la suivante:
- 1/2 tasse d'amandes blanchies
- 2/3 de tasse d'eau
- 5 dattes dénoyautées
- quelques gouttes d'essence de vanille
- 1 c. à café de miel

Mélangez bien l'eau et les amandes jusqu'à obtenir un liquide lisse. Si vous avez utilisé des amandes avec les peaux, passez le mélange dans la passoire pour le débarrasser des peaux. Rajoutez les autres ingrédients, mélangez bien et servez immédiatement.

Shake aux abricots
Utilisez des abricots frais ou séchés à la place des dattes, rajoutez aussi une poi-

gnée de graines de tournesol aux noix avant de mixer.

Shake aux raisins
Utilisez le jus de raisins ou de pommes à la place de l'eau et des raisins à la place des dattes. Rajoutez du miel ou de la vanille selon vos goûts.
Pour une saveur plus complète encore, rajoutez une cuillère de levure de bière, une cuillère de germes de blé ou un jaune d'oeuf. Mélangez bien.

Yoghurt maigre

Si vous utilisez du yoghurt, pourquoi ne pas essayer de le fabriquer vous-même? C'est simple et vous n'avez pas besoin d'un équipement encombrant et onéreux. La méthode la plus facile est d'utiliser une jarre à grande ouverture, mais un récipient en terre cuite, placé dans un endroit chaud, fera très bien l'affaire.

Une des façons les plus simples de fabriquer du yoghurt est de prendre de la poudre de lait écrémé. Mixez un demi-litre de lait, en utilisant une fois et demi la quantité de lait prescrite pour sa reconstitution. Si vous optez pour cette méthode, utilisez de l'eau bouillante et rajoutez de l'eau froide, vous arriverez directement à la température voulue, sans devoir faire cuire votre lait ni le laisser refroidir. Rajoutez deux cuillères à soupe de yoghurt nature pour amorcer le démarrage, mélangez bien, puis placez-le dans un récipient thermique durant environ 8 heures.

Tisanes

Les tisanes aux herbes sont légères et rafraîchissantes, elles peuvent être sucrées avec un peu de miel ou servies froides avec une rondelle de citron.

Les tisanes sont des boissons alternatives saines qui remplacent avantageusement le café et le thé. Il y en a deux sortes: les médicinales et celles que vous buvez pour le plaisir. Certaines herbes (camomille, verveine, menthe poivrée) font partie des deux catégories. La menthe citronnelle, les fleurs d'orangers, les fleurs de tilleul, l'hibiscus, sont également délicieuses.

Vous pouvez sécher les herbes vous-mêmes, les acheter toutes prêtes en sachets ou mieux, en vrac. Il existe de délicieuses combinaisons à base de mélanges d'herbes, en plus des tisanes habituelles.

Préparation des tisanes

Prenez une cuillère de tisane (herbes séchées ou mélange) pour deux tasses. Versez de l'eau bouillante et laissez-les infuser durant 5-10 minutes, en remuant de temps à autre pour obtenir leur plein arôme. Passez à travers la passoire et servez avec du citron et/ou un peu de miel.

Autres boissons

A part les infusions, les seules boissons que vous devriez consommer durant la cure de 10 jours sont de l'eau et des jus de fruits ou de légumes. L'eau que vous buvez devrait être filtrée ou de source. Evitez l'eau du robinet qui contient toutes sortes d'additifs chimiques dont votre corps se passe volontiers.

Ne buvez pas n'importe quel jus de fruit ou de légumes: lisez les étiquettes lors de l'achat, car il y en a qui sont reconstitués à partir d'un concentré ou de jus de fruits congelés, avec des additifs - ce ne sont plus vraiment des jus de fruits! Préparez vos propres jus en utilisant le presse-citrons ou la centrifugeuse. Les jus de fruits et de légumes Biotta, issus de cultures biologiques, sont excellents.

Chapitre 11

Graines germées et salades

Il y a tant de façons de préparer les légumes crus qu'il serait difficile de les énumérer toutes. Commençons par les graines germées.

Les graines germées

Lorsqu'une graine est germée, sa teneur en vitamines peut augmenter de 700 %. Elle contient même de la vitamine B12, très peu présente dans les légumes. Pendant le processus de germination, les amidons commencent leur transformation en sucres simples, les lipides en acides gras et les protéines en acides aminés (le pourcentage d'acides aminés essentiels par rapport aux acides aminés non essentiels a même tendance à augmenter). La graine est ainsi partiellement digérée et donc très facilement assimilable. Il faut remarquer ici qu'une céréale germée perd même ses propriétés à produire des mucosités.

Les graines germées ont des propriétés rajeunissantes extraordinaires. Il est très facile de les faire pousser, elles sont excellentes et bon marché en plus. Tout ce qu'il vous faut pour commencer votre propre "usine de germination" sont quelques vieux bocaux, de l'eau pure, des graines, des légumineuses, des céréales fraîches et un coin chaud dans la cuisine.

Les Germoirs

Votre choix en guise de germoir "fait maison" peut varier du seau au sac en polyéthylène. Les plus pratiques toutefois sont les bocaux à ouverture large. Certaines personnes aiment fabriquer leur germoir en couvrant l'ouverture avec de l'étamine, du nylon ou du grillage très fin, en le maintenant en place par un élastique. La méthode la plus simple est d'utiliser des bocaux ouverts qui seront couverts avec un torchon pour éviter l'infiltration des insectes et de la poussière. Pour commencer, les meilleures graines sont le soja, les lentilles brunes, le fenugrec, la luzerne (ou alfalfa) et les pois chiches.

Méthode

- Mettez le graines, légumineuses, céréales de votre choix (par exemple soja) dans une grande passoire. Pour les quantités à utiliser, consultez le tableau à la fin du livre. Rappelez-vous que la plupart des graines germées multiplient leur volume par 8 par rapport aux graines sèches. Retirez les petits cailloux,

les graines cassées et cosses oubliées et rincez bien les graines choisies.
- Mettez les graines dans le bocal et couvrez avec quelques centimètres d'eau pure. Le rinçage peut être fait avec l'eau du robinet, mais le trempage initial, lorsque les graines absorbent beaucoup d'eau pour amorcer l'action des enzymes, doit être fait de préférence avec de l'eau de source, filtrée ou bouillie, car le chlore de l'eau du robinet peut inhiber la germination.
- Laissez les graines tremper dans un endroit tiède toute la nuit ou aussi longtemps que nécessaire (voir tableau).
- Videz l'eau de trempage. S'il n'y en a plus, c'est que vos graines ont encore soif et il faut en rajouter.
- Rincez les graines. Vous pouvez faire couler l'eau à travers l'étamine, remuer, vider et recommencer, ou verser les graines dans une passoire et les rincer sous l'eau courante. Quel que soit le moyen choisi, laissez bien l'eau s'écouler car trop d'humidité ferait putréfier les graines. Les bocaux recouverts d'étamine peuvent s'égoutter sur l'égouttoir à vaisselle. Répétez cette opération chaque matin et chaque soir.
- Après 3 à 5 jours, les graines germées sont prêtes à être consommées. Rincez-les et gardez-les dans des sacs en polyéthylène au réfrigérateur. Elles enrichiront vos salades. La plupart des graines germées se conserveront ainsi pendant 5 à 7 jours.

Les salades

Voici quelques suggestions pour des repas-salades, à préparer directement sur l'assiette. Mais faites vos propres expériences en combinant différents légumes-racines, légumes-feuilles et légumes-bulbes, de saison, pour créer vos recettes personnelles. L'aspect de la salade est très important. Heureusement, les couleurs vives des légumes et fruits frais sont fantastiques. Coupez-les de différentes manières pour réaliser de jolies garnitures.

Salade rouge du diable

Garnissez le fond de l'assiette avec des feuilles de trévise (ou autre salade). Posez dessus:

- des carottes râpées disposées à l'intérieur d'une rondelle de poivron rouge (décorez avec des petits pois frais)
- un petit bouquet de cresson à l'intérieur d'une rondelle de poivron jaune
- un demi avocat (brossez-le avec du jus de citron ou de l'huile d'olive pour l'empêcher de noicir) rempli de rondelles de radis
- une poignée de germes de soja
- quelques rondelles de concombre coupées en diagonale
- quelques morceaux de chou-fleur et de broccoli
- un peu de betterave crue râpée
- un peu de radis blanc râpé
- une tomate coupée en segments (ne cou-

pez pas jusqu'au bout pour pouvoir en faire une fleur en ouvrant les segments)

Salade de fête

Garnissez votre bol avec des feuilles et rajoutez:

- des bâtonnets de céléri et de carottes passés à travers des rondelles de poivron
- quelques tranches de fenouil
- quelques tranches de navet cru
- un peu de mange-tout
- quelques tranches de pomme
- des rondelles d'oignon rouge
- des roses de radis (coupez les radis en zigzag autour du milieu et séparez les deux moitiés)
- une petite grappe de raisins
- du cresson et du persil
- pour la décoration, une orange coupée en segments avec la peau, que l'on a toutefois séparé de la pulpe sans l'enlever)
- une poignée de pois chiches germées.

Salade magique aux graines germées

Garnissez l'assiette avec des graines d'alfalfa (luzerne) germées, et disposez autour:

- des carottes râpées
- du chou rouge
- du chou blanc
- de la betterave.

Rajoutez:

- des champignons en lamelles
- des olives noires
- des oignons nouveaux.

Versez des raisins secs sur les légumes râpés .

Épinards préparés autrement

Garnissez votre assiette en coupant des épinards en lanières fines (retirez les tiges), et disposez dessus:

- une poignée de champignons de Paris
- une moitié d'avocat coupée en petits dés (coupez tout simplement la pulpe plusieurs fois dans un sens puis dans l'autre et retirez-la avec une cuillère)
- quelques dés de poivron rouge
- des rondelles de pommes (retirez le trognon de la pomme et coupez en travers)
- de fines tranches de topinambour, de chou rave ou de pommes de terre nouvelles
- des graines de courge grillées.

Merveille rouge et jaune

- de fines tranches de carottes et de courgette (coupez avec l'accessoire à tranches de votre robot cuisine)
- quelques tomates cerises
- du maïs doux enlevé cru de l'épi, ou cuit sur l'épi
- quelques noisettes grillées.

Chapitre 12

Sauces

Vous pouvez préparer une simple sauce en mélangeant des herbes et de la moutarde avec un peu de yoghurt (plus il est épais mieux cela vaut) ou explorer les délices des sauces à base d'huile. Celles-ci se marient particulièrement bien avec des salades très feuillues dans lesquelles prédominent laitue ou épinards. En choisissant bien vos assaisonnements, tels qu'une bonne moutarde et/ou des herbes variées, elles peuvent être excellentes et éloignées de la vinaigrette classique.

Vinaigrette de base

- 3/4 tasse d'huile
- 1/4 tasse de jus de citron ou de vinaigre de cidre
- 1 c. à café de moutarde
- 2 c. à café de miel
- un peu de bouillon de légumes en poudre et de poivre pour assaisonner
- une petite gousse d'ail écrasée (selon vos goûts)

Assemblez tous les ingrédients dans votre mixer ou mettez-les simplement dans un bocal à couvercle et mélangez bien. Certaines personnes aiment diluer la vinaigrette pour la rendre plus légère en ajoutant quelques cuillerées d'eau.

Voici quelques suggestions pour varier la recette de base:

Vinaigrette riche

A la recette de base, rajoutez:

- 1 c. à soupe de tamari
- 1 échalotte finement hâchée
- 1 pincée de poivre de cayenne

Vinaigrette au vin

A la recette de base, rajoutez:

- 1 c. à soupe de vin rouge ou blanc (le blanc se marie bien avec les salades contenant des fruits, le vin rouge avec les salades de chou)

Vinaigrette aux herbes

Mon mélange préféré pour les vinaigrettes est composé de:

- marjolaine
- basilic
- thym
- aneth ou livèche (encore appelée ache)
- menthe
- 3 à 4 c. à soupe d'herbes fraîches finement hachées ou 2 c. à soupe d'herbes sèches

Vinaigrette aux agrumes

De la recette de base utilisez:
- 3/4 de tasse d'huile de sésame
- le jus d'un demi citron et d'une orange
- 1 c. à café de vinaigre

Ajoutez:
- 1 c. à café de zeste râpé d'orange et
- 1/2 c. à café de zeste râpé de citron (lavez les peaux auparavant!)
- 1 pincée de noix de muscade
- 1 c. à café de cerfeuil.

Mélangez soigneusement tous les ingrédients à l'aide du mixer.

Vinaigrette italienne épicée

Suivez la recette de base en utilisant du vinaigre de cidre et rajoutez:
- un filet de vin rouge ou de tamari
- 2 tomates mûres épluchées
- 1 c. à soupe d'oignon ou d'ail haché fin
- 1/2 c. à café d'origan et de basilic
- du laurier en poudre

Mélangez bien tous les ingrédients.

Vinaigrette aux olives

Utilisez l'huile d'olive et le jus de citron de la recette de base et rajoutez:
- 4 à 6 olives noires (finement hâchées)
- une pincée de cayenne

Sauce à l'avocat

C'est ma recette préférée. Vous pouvez la faire plus épaisse pour y tremper des crudités ou plus liquide pour la verser sur une salade.

- 1 à 2 avocats
- 1 tasse de jus d'orange fraîchement pressé (mettez-en plus ou moins selon la consistance que vous voulez obtenir)
- 1 c. à café de poudre de curry
- 2 c. à café de bouillon de légumes
- des herbes fraîches (par exemple de la livèche et du persil)
- 1 petite gousse d'ail

Epluchez l'avocat et retirez le noyau. Mélangez soigneusement tous les ingrédients à l'aide d'un mixer.

Chapitre 13

Céréales et légumineuses

Céréales et légumineuses sont de merveilleux aliments de base. Jetons d'abord un coup d'oeil sur les céréales.

Le riz complet, le froment, l'orge, l'avoine, le millet, le boulgour et le sarrasin (blé noir) sont d'excellents aliments de base, riches en fibres. Consommées avec des légumes, ils sont une bonne source de protéines et tout à fait nourrissants. Ils sont particulièrement bénéfiques pour les athlètes et pour les personnes qui ont besoin d'une énergie soutenue.

Comment préparer les céréales

Les recettes délicieuses abondent. On peut consommer les céréales seules, avec des herbes et légumes tels qu'oignons ou champignons, ou dans des soupes. Les restes froids peuvent être incorporés à des salades. La quantité de base est d'une demitasse de céréales sèches par personne.

Lavez les céréales sous l'eau froide, en utilisant une passoire pour retirer poussière et autres saletés. Vérifiez qu'il ne reste plus de cailloux. Lorsque l'eau coule propre de la passoire, les graines sont prêtes à cuire.

Il y a essentiellement deux façons de cuire des céréales: entières ou concassées. Pour la première, on utilise de l'eau froide, pour la seconde, de l'eau bouillante.

Je préfère en général la méthode à l'eau bouillante. Faites revenir les céréales dans une poêle épaisse à sec ou avec un peu d'huile d'olive pour les colorer légèrement. Cette opération n'est pas nécessaire avec le riz ou l'orge, mais les autres céréales gagnent ainsi de la saveur. Rajoutez ensuite l'eau bouillante (pour les quantités, voir plus loin), une poignée d'herbes et un peu de bouillon de légumes et couvrez immédiatement. Portez à ébullition et continuez à faire cuire sur le feu ou (je préfère cette méthode) mettez le tout à four modéré pour terminer la cuisson (voir plus loin les temps de cuisson). Ne remuez pas les céréales pendant la cuisson, cela les casse et les agglutine.

Chaque céréale nécessite un temps de cuisson sensiblement différent des autres; la quantité d'eau nécessaire varie aussi.

Voici quelques lignes directrices.

Le riz complet

Utilisez deux fois plus d'eau que de riz et laissez cuire pendant 45 minutes. Habituellement je cuis le riz en rajoutant simplement de l'eau froide, en amenant à ébullition, et en laissant ensuite mijoter doucement.

Le millet et le gruau de sarrasin
Utilisez une partie de céréales pour deux parties d'eau et cuisez pendant 20 à 25 minutes. Pour le millet, on peut utiliser la méthode à l'eau froide.

Le boulgour
C'est du blé concassé, grillé et étuvé. Comptez une part de boulgour pour une part et demie d'eau. Cuisson: 20 minutes.

L'orge
Ajoutez deux fois plus d'eau que de céréales. La cuisson dure 90 minutes.

Les légumineuses modestes

Une tasse d'haricots, de lentilles, ou de pois mesurée à sec donne environ quatre tasses après cuisson. Comme les céréales, ces aliments bon marché sont riches en fibres et ont un excellent pouvoir énergétique. Il y a tant de variétés: haricots blancs, haricots rouges, flageolets, soja, lentilles de toutes teintes, haricots azuki, et pois chiches. Je les utilise comme base dans des soupes délicieuses et des plats mijotés auxquels j'ajoute des herbes fraîches; parfois je les incorpore aux salades.

Voici comment cuire les légumineuses. A moins qu'elles ne soient très sales, il suffit de les rincer une seule fois à l'eau courante avant de les faire cuire. Habituellement, je les fais tremper pendant quelques heures ou toute une nuit dans un endroit frais avant la cuisson. L'hydratation les ramollit et diminue considérablement le temps de cuisson. Une partie de l'amidon qu'elles contiennent est ainsi transformée, ce qui les rend plus digestes. Après trempage, mettez-les dans une cocotte, ajoutez trois fois plus d'eau que de légumineuses, portez à ébullition et laissez mijoter jusqu'à la fin de la cuisson. Souvenez-vous que les haricots rouges doivent cuire pendant au moins 10 minutes, sinon ils peuvent vous empoisonner.

Comme les céréales, les légumineuses peuvent être cuites au four. Je préfère cette préparation car la durée de cuisson n'a pas besoin d'être respectée de façon exacte, et elles ont moins tendance à attacher.

Les haricots et les lentilles se marient très bien avec les carottes, les oignons et le céleri que je rajoute volontiers, ainsi que des herbes et d'autres assaisonnements (le bouillon de légumes fait merveille ici).

Voici les temps de cuisson:

Lentilles rouges:	20 minutes (trempage non nécessaire)
Pois cassés et autres lentilles:	1 heure
Autres(sauf le soja):	1 1/2 heure
Soja:	2 1/2 heures
Pois chiches:	1 1/2 heure

Chapitre 14

Soupes et cuissons à la chinoise

Les soupes d'hiver mentionnées dans ce chapitre sont nourrissantes. Je les prépare à partir des légumes de saison auxquels j'ajoute du millet, des lentilles, des pois, du riz, de l'orge, ou toute autre graine permettant d'épaissir, beaucoup d'herbes fraîches du jardin ou des herbes sèches, et parfois du bouillon de légumes pour assaisonner.

Voici quelques suggestions de recettes (pour 4 à 6 personnes):

Soupe de légumes épaisse

- 2 c. à soupe d'huile d'olive
- 1 grand oignon
- 1 1/2 litre d'eau ou de bouillon (chaud)
- 2 poireaux
- 1 c. à café de bouillon en poudre
- 1 céleri-rave
- 2 feuilles de laurier
- 4 carottes
- 3/4 de tasse de riz complet ou de millet
- 1 panais

- 2 tasses de petits pois
- tout autre légume disponible (au choix)
- du persil frais
- 1 tasse de haricots mange-tout

Lavez et épluchez les légumes et épluchez les oignons. Coupez les légumes-racines en petits cubes, les poireaux 4 ou 5 fois dans le sens de la longueur puis en travers, pour obtenir de petits morceaux. Faites chauffer l'huile dans la casserole et faites revenir les poireaux. Puis rajoutez le céleri, les carottes, les navets et le panais; couvrez et laissez-les transpirer pendant 5 minutes. Rajoutez ensuite le liquide bouillant, le bouillon, les feuilles de laurier, le riz ou le millet, et laissez cuire pendant 30 minutes. Ajoutez les petits pois et les mange-tout et laissez cuire encore 15 minutes. Servir saupoudré de persil haché.

Le Bortsch

- 3 betteraves crues (avec leur verdure si possible)
- 3 carottes
- 1 oignon moyen
- 1/2 chou (petit)
- 1 c. à soupe de bouillon de légumes
- le jus d'un citron
- 3 c. à soupe de miel
- 1 pincée de noix de muscade
- 2 c. à soupe d'huile d'olive
- 1 tasse de yoghurt épais ou de crème aigre
- 1 litre de bouillon ou d'eau bouillante

Lavez les légumes (sans les peler) et coupez-les en julienne. Conservez la moitié d'une betterave que vous rajouterez plus tard, râpée. Faites chauffer l'huile dans la casserole et laissez transpirer les betteraves et l'oignon pendant 5 minutes, puis rajoutez le reste des légumes, y compris les feuilles des betteraves coupées en lanières (si vous en avez). Laissez cuire pendant 5 à 10 minutes, en remuant de temps à autre. Rajoutez le liquide bouillant et laissez cuire jusqu'à ce que les légumes soient fondants. Maintenant rajoutez le jus de citron, la betterave râpée et le miel, et laissez cuire pendant encore 5 minutes. Servez avec le yoghurt épais ou la crème aigre et saupoudrez de noix de muscade.

Soupe de pommes de terre

- 6 pommes de terre moyennes
- 1 litre ou plus d'eau ou de bouillon
- 1 tasse de légumes en lamelles, en julienne ou en dés (poireaux, céleri, carotte, rutabaga, haricots verts, petits pois)
- des herbes (marjolaine, basilic, ail, sariette)
- 1 c. à soupe de bouillon de légumes
- des garnitures (l'oignon de printemps haché, oeuf dur haché, fines herbes, cresson, fromage râpé)

Lavez les légumes, brossez les pommes de terre, et coupez-les en morceaux de taille moyenne. Couvrez les pommes de terre avec le liquide et laissez cuire. Retirez du feu et passez au mixer. Faites ensuite revenir les légumes, rajoutez-les aux pommes de terre avec l'assaisonnement et laissez cuire pendant 5 minutes. Saupoudrez d'une garniture et servez.

La cuisson à la chinoise: le wok

La meilleure façon de faire cuire des légumes est la méthode chinoise, dans un wok ou dans une simple poêle. C'est rapide, simple et très amusant. Choisissez des légumes de saison. En voici un bon assortiment:

- 2 c. à soupe d'huile végétale
- une poignée de noix de cajou
- des oignons en rondelles
- du chou-fleur
- des oignons verts dont la partie verte est coupée dans le sens de la longueur
- des mange-tout
- des poivrons rouges coupés en dés
- des champignons en lamelles
- du tamari

Faites chauffer le wok après l'avoir légèrement huilé. Ajoutez les noix de cajou et laissez-les se colorer, puis ajoutez les légumes plus longs à cuire, tels que les oignons et le chou-fleur. Faites sauter pendant 2 à 3 minutes en remuant sans arrêt. Rajoutez ensuite le reste des légumes et remuez pendant encore 3 à 5 minutes. Ajoutez un peu de sauce tamari et servez.

Chapitre 15

Pas à pas

Mettre à profit les méthodes décrites dans ce petit ouvrage signifie simplement *créer un programme quotidien de détoxication que vous pouvez adapter à votre mode de vie et à votre emploi du temps.* Vous n'avez pas besoin de vous rendre dans un lieu idyllique ou en vacances pour y avoir droit! Avec un peu de réfléxion, vous y arriverez facilement chez vous, sans que ces dix jours ne perturbent votre travail ou votre vie privée.

Bien sûr, quelques changements s'imposent au début pour insérer la cure de 10 jours dans votre programme habituel. *Par exemple, il vous faudra renvoyer à plus tard une invitation prévue ou vous passer d'alcool. Vous veillerez également à vous coucher à une heure raisonnable et à dormir suffisamment.* Le nettoyage de votre corps est un processus dynamique qui requiert de l'effort et de l'énergie de la part de votre organisme. Accordez-vous un maximum de repos durant ces dix jours.

La manière dont vous construirez votre programme dépendra de vous et des circonstances. Il est souhaitable de prévoir quelques minutes, la veille du début de la cure, pour planifier sur papier votre programme personnel, de manière à ce qu'il soit confortable. Suspendez ce plan à la cuisine ou dans un endroit bien visible, et référez-vous au schéma en cas de doute.

Pour vous donner une idée, j'ai reproduit mon programme individuel (mais sachez que j'aime me lever tôt et que j'adore la course à pied). Votre programme sera certainement différent du mien. Vous remarquerez aussi les espaces vides de 5 ou 10 minutes pendant lesquels je fais des petites choses, comme lire le journal, me changer, ou simplement ... rien du tout!

05.30 h	Réveil. 5 à 10 minutes de respiration profonde au lit
05.45 h	Lever
05.50 - 06.05 h	Brossage de la peau, douche
06.15 - 08.00 h	Travail
08.00 - 08.30 h	Petit-déjeuner
09.00 - 12.15 h	Travail
12.30 - 12.45 h	Relaxation
13.00 - 13.30 h	Déjeuner
13.45 - 17.15 h	Travail
17.30 - 18.30 h	40 minutes de jogging, suivies d'une douche
19.00 h	Souper, soirée libre (le soir 1, 6 et 10, je vais au sauna)
22.00 h	Coucher

Lorsque vous aurez élaboré votre propre plan, essayez de vous y tenir. Il peut être sympathique d'entreprendre la cure de 10 jours avec votre partenaire ou avec un/une ami(e). Vous aurez de la compagnie et pourrez vous encourager mutuellement. Il y a de fortes chances que des personnes dans votre entourage, voyant le succès que ces techniques simples et naturelles vous apportent, désirent aussi s'y joindre.

Je pratique la cure deux fois par an au moins. Au printemps, un temps traditionnellement utilisé pour la détoxication de l'organisme, et à n'importe quelle autre époque de l'an si je me sens un peu fatiguée, après avoir trop travaillé ou avoir voyagé longtemps, par exemple. Je pratique cette méthode depuis maintenant plus de 15 ans et pourtant, à chaque fois, je suis encore émerveillée par ses résultats et par la manière dont je me sens renaître.

La cure n'est qu'un début: une nouvelle façon de vivre vous attend. Ce qui est important, ce sont les changements qu'elle induit et tout ce qui s'en suit.

Chapitre 16

Votre nouvelle vie commence ici

Vous réveillez-vous le matin en pleine forme, reposé et prêt à croquer la vie à pleines dents? Ou bien le simple fait de vous lever repésente-t-il un effort monumental? Avoir de l'énergie "à revendre" après avoir passé une journée entière au travail peut se révéler un objectif plus facile à atteindre que vous ne le pensez. Votre énergie ne sera pas épuisée par le travail, ni par vos enfants, le ménage, les achats etc... Vous aurez assez de réserves pour vous permettre de passer de bonnes soirées et de vivre votre vie pleinement comme vous l'entendez.

La cure de 10 jours vous offre une manière pratique de vous propulser sur une nouvelle trajectoire mais ce n'est qu'un début! Après la cure, vous aurez automatiquement envie de continuer à vivre une vie plus saine que vous ne l'auriez cru possible. Elle ne demande que quelques ajustements dans votre mode de vie actuel. Vous pouvez, par exemple, adopter la marche de

30 à 45 minutes quotidiennes chaque matin, qu'il vente ou qu'il pleuve, si nécessaire avant que les autres ne se lèvent.

Réservez 10 à 15 minutes par jour pour pratiquer les exercices de relaxation que vous avez appris. Vous pouvez les faire durant le trajet de travail ou vous isoler dans une pièce lorsque vos enfants seront couchés. Ce qui est important, c'est la régularité. C'est comme une empreinte que vous gravez dans votre conscience, chaque jour, par la répétition. C'est elle qui constitue l'efficacité de cette méthode, véritable outil pour la santé et l'équilibre émotionnel. Si vous pensez que vous n'avez pas le temps à cause de nombreuses contraintes de la vie, souvenez-vous que tout le monde est soumis aux mêmes contraintes, personne n'a le temps. *Il faut prendre ce temps, quelles que soient les circonstances de votre vie.*

Comme de nombreuses femmes, j'ai élevé des enfants, j'ai dû m'occuper du ménage et travailler à plein-temps. Je pense que si je n'avais pas pris le temps pour l'exercice régulier et pour me libérer du stress, je n'y serais jamais arrivée. *Ce temps que vous prenez pour vous, vous le retrouverez au centuple: par le regain d'énergie, par la relaxation qu'il vous apportera, vous donnant les moyens de travailler davantage, plus efficacement, avec moins d'efforts. Mais exercice et relaxation ne suffisent pas, à eux seuls. Le facteur le plus important est sans aucun doute l'alimentation.*

Nous sommes ce que nous mangeons

Ce que vous mangez (ou que vous ne mangez pas) au petit déjeuner peut faire toute la différence pour votre niveau d'énergie. Vous sentez-vous encore d'attaque ou complètement vidé après une dure journée de travail? Bien des personnes, lorsqu'elles ont le "coup de barre", vont manger une boule de Berlin à la confiture, une barre de chocolat ou boire une tasse de café pour se réveiller. Il est vrai que ces nutriments apporteront une énergie à court terme. A long terme, ils sont toutefois nocifs pour la santé et la vitalité, ils saperont votre énergie. Le café vous laissera tomber au bout de quelques heures. Et si vous recommencez à manger des sucreries et à boire du café après que leur effet ait cessé, ils pourront sérieusement interférer avec le mécanisme qui règle votre taux de sucre sanguin. Ils peuvent aussi vous procurer une dépendance dont votre corps se passerait certainement.

Les énergétisants à long terme

Les meilleurs fournisseurs d'énergie à long terme ne sont pas les "feux de paille" pleins de sucre ni la caféine, mais les aliments frais naturels que nos grands-parents connaissaient déjà: fruits et légumes frais, grains complets et pains aux céréales complètes, riches en fibres, avec un peu de beurre de la meilleure qualité. Préparez-les et mangez-les à l'état naturel (consommez la peau de votre pomme de terre cuite, la pelure de votre pomme). Ces aliments, plus une petite quantité de protéines de bonne qualité, par exemple du poisson, de la volaille ou du gibier, sont les meilleurs garants de votre santé. Les dernières découvertes en diététique montrent qu'il vaut mieux ne pas consommer trop de protéines.

Vous n'aimez pas le petit déjeuner? D'accord, mais ne le laissez pas entièrement de côté, ou vous ferez l'expérience d'une baisse énergétique plus tard dans la journée. Pas besoin de préparer quelque chose de compliqué. Mangez un fruit et une tranche de toast 100% grain complet, au beurre et au miel. Ou préparez rapidement un bol de müesli ou l'une des boissons décrites au chapitre 10.

Un tel petit déjeuner vous apportera de la force grâce aux nutriments des fruits et des céréales. Les hydrates de carbone et les fibres relâcheront leur énergie de manière régulière dans votre courant sanguin et vous traverserez la matinée sans sentir de "coup de pompe". Si vous ressentez un peu de fatigue dans la journée, il suffira de mâcher une poignée de noix ou de raisins secs, des graines de tournesol ou quelques raisins frais pour retrouver votre entrain.

Pour rester en pleine forme bien après votre cure de 10 jours, intégrez à votre alimentation un repas-salade par jour, avec la sauce et les garnitures. Choisissez tous vos autres aliments pour leur valeur "énergétique", au détriment des aliments dénaturés et raffinés, voleurs d'énergie.

Voici quelques indications pour vous guider:

Fournisseurs d'énergie

- *Légumes frais spécialement consommés crus*
- *Fruits frais*
- *Pain aux céréales complètes, délicieux et nutritif*
- *Céréales complètes, müesli et granola (lisez bien les étiquettes!)*
- *Jus de fruits frais*
- *Légumineuses*
- *Fromages maigres: cottage cheese, ricotta, Edam*
- *Oeufs de poules élevées en liberté*
- *Poissons*
- *Volaille*
- *Gibier*

Voleurs d'énergie

- *Pain blanc, pâtisseries, gâteaux*
- *Pâtes: spaghettis, macaronis, etc.*
- *Biscuits à la farine raffinée*
- *Marmelades*
- *Fruits en boîte*
- *Soupes en boîte et en paquet*
- *Chips*

- *Snacks*
- *Boissons gazeuses contenant du sucre ou des édulcorants artificiels*
- *Aliments gras frits*
- *Chocolat et sucreries*
- *Jus de fruits artificiels*

Un mode de vie plus plein commence aujourd'hui

Ces petits "tuyaux":

- *un programme d'exercice quotidien*
- *une marche rapide de 30 à 45 minutes par jour ou d'autres formes d'exercice physique*
- *une alimentation riche en produits frais naturels, crus et non altérés*
- *une relaxation quotidienne*
- *une respiration complète*

peuvent amener des résultats presque miraculeux pour votre santé et votre forme physique.

La lecture est le premier pas. Mais ce qui compte, c'est de commencer vraiment. Le plan de 10 jours est prioritaire. Mais ce n'est que le début, pour vous sortir des ornières et vous montrer un autre chemin, une vie plus pleine, un bien-être insoupçonné et une santé éclatante. A long terme, toutes ces techniques peuvent être incorporées dans votre mode de vie et devenir des (bonnes) habitudes. Et vous n'aurez plus besoin d'y penser!

Après tout, c'est ce que la santé devrait être vraiment: *un état naturel dont on n'a pas besoin de se soucier.*

Tableau de culture des germes

Petites graines tremper 6 à 8 h (sauf indication)	qté sèche pour 1 l	prêt à consommer en	longueur du germe	Remarques
Alfalfa	3-4 c.s.	5-6 jours	3,5 cm	Riches en vitamines et minéraux organiques. Les racines de la plante adulte pénètrent dans la terre jusqu'à une profondeur de 9 à 30 m.
Fenugrec	1/2 tasse	3-4 jours	1 cm	Dégage un assez fort goût de "curry". Excellent mélangé à d'autres germes. Élimine bien les toxines de l'organisme.
Moutarde trempage inutile	1/4 tasse	4-5 jours	2,5 cm	Peut pousser sur du papier buvard humide pendant une semaine ou plus. Les extrémités vertes sont coupées aux ciseaux et rajoutées aux salades.
Radis trempage inutile	1/4 tasse	4-5 jours	2,5 cm	Le goût pimenté est excellent dans les sauces ou mélangé à d'autres germes. Bon pour éliminer les mucosités et pour soigner les muqueuses.

Sésame	1/2 tasse	1-2 jours	même longueur que la graine	Les germes deviennent très amères s'ils poussent plus de deux jours environ.
Graines moyennes				
tremper 10 à 15 h	qté sèche pour 2 l	prêt à consommer en	longueur du germe	Remarques
Haricots azuki	1 1/2 tasse	3-5 jours	2,5 - 3,5 cm	Ont un goût de noix et de légumineuse. Très bénéfiques pour les reins.
Pois chiches	2 tasses	3-4 jours	2,5 cm	Devront peut-être tremper 18 h pour gonfler jusqu'à leur taille maximum, en renouvelant l'eau 2 fois.
Lentilles	1 tasse	3-5 jours	0,5 - 2,5 cm	Essayez toutes les sortes de lentilles: rouges, chinoises, vertes, brunes. Excellentes si consommées jeunes ou jusqu'à 6 jours maximum.
Soja vert	1 tasse	3-5 jours	1 - 5 cm	Tremper au moins pendant 15 h. Garder au noir pour obtenir un goût sucré.

Graines moyennes (suite) tremper 10 à 15 h	qté sèche pour 2 l	prêt à consommer en	longueur du germe	Remarques
Soja blanc tremper 24 heures	1 tasse	3-5 jours	3,5 cm	Pour éviter la fermentation, renouveler l'eau fréquemment. Enlever toutes les graines abîmées n'ayant pas germé.
Tournesol	4 tasses	1-2 jours	même longeur que la graine	On peut les faire pousser pour leur "verdure". Pour utiliser les graines, ne les laissez tremper qu'une journée. Manipulez-les avec précaution, elles s'abiment facilement.

Céréales tremper 12-15 heures	Qté sèche pour 1 l	Prêt à consommer en	Longueur du germe	Remarques
Blé	2 tasses	2-3 jours	même longueur que la graine	Excellente source de vitamine B. On peut boire l'eau de trempage directement, ou l'ajouter aux soupes et aux jus de légumes, ou la faire fermenter.
Seigle	2 tasses	2-3 jours	"	Délicieux goût particulier. Bon pour le système glandulaire
Orge	2 tasses	2-3 jours	"	Comme la plupart des germes, l'orge devient assez sucré. Très indiquée pour personnes faibles ou trop maigres.
Avoine tremper 5-8 h seulement	2 tasses	3-4 jours	"	Prendre de l'avoine complète ou du gruau d'avoine. Une fois germée, elle a moins tendance à favoriser la formation de mucosités.
Millet tremper 5-8 h seulement	2 tasses	3-4 jours	"	Choisir du millet décortiqué. La seule graine alcaline.

Bibliographie

Association médicale Kousmine, **La méthode Kousmine** (éd. Jouvence, Genève - 1989)
Un véritable guide de santé englobant l'alimentation saine, l'apport des vitamines et minéraux, l'hygiène intestinale, les implications psychologiques

Claude Aubert, **Une autre assiette** (éd. Debard - 1979)
Une mine d'or pour la santé au quotidien

Dr Philippe-Gaston Besson, **Acide-base: une dynamique vitale** (éd. 3 Fontaines, Fillinges - 1991)
Des applications pratiques pour préserver son équilibre en corrigeant son alimentation et en adoptant une hygiène de vie adéquate

Dr Paul Carton, **Les lois de la vie saine** (éd. Librairie le François, Paris - 1922)
Explique les lois naturelles et leur importance dans notre vie. Exposé et conséquences pratiques des lois spirituelles, vitales et matérielles

Dr Catherine Kousmine, **Soyez bien dans votre assiette jusqu'à 80 ans et plus** (éd. Sand - 1985)

Claude Maréchal, **Alimentation énergétique: les modes de cuisson** (éd. 3 Fontaines, Fillinges - 1991)
L'importance de l'alimentation pour la santé physique et psychique de l'être humain. Expose l'impact énergétique des modes de cuisson pour adapter au mieux l'alimentation à nos besoins, enrichir les aliments et sauvegarder leur vitalité

Dr Georges Monnier, **La santé par l'hygiène intestinale** (éd. 3 Fontaines - 1992)
Toutes les techniques pour prévenir les affections de l'intestin et pour le maintenir dans un état optimum

Herbert M. Shelton, **Les combinaisons alimentaires** (Courrier du Livre - 1968)

Christopher Vasey, **Manuel de détoxication**
(éd. Jouvence, Genève - 1990)
Expose le rôle des toxines dans les maladies, le fonctionnement des émonctoires et la manière de les stimuler. Contient de nombreuses recettes et exemples de cures

Christopher Vasey, **Le message du Dr Paul Carton - L'Hippocrate du 20e siècle**
(éd. 3 Fontaines, Fillinges - 1992)
Une description claire des principes de base de la médecine naturelle englobant l'être dans ses trois dimensions: physique - psychique - spirituelle

Christopher Vasey/Johanna Brandt, **Régénération et détoxication par la cure de raisin**
(éd. Jouvence, Genève - 1992)
Etude des principes de base et des raisons de l'efficacité de la célèbre cure de raisin. Contient aussi le texte original de Johanna Brandt

Dr Yves Vivini, **La bouffe ou la vie** (éd. Centre international de médecine biotique - 1976)

LES ÉDITIONS 3 FONTAINES

Les éditions 3 Fontaines publient des ouvrages à la fois pratiques et de référence sur tous les sujets qui concernent le mieux-être, englobant l'être dans ses trois dimensions: physique - psychique - spirituelle.

Ces ouvrages se répartissent en cinq collections:

Pratique - Alimentation

Comment adapter et préparer une alimentation conforme à nos besoins en respectant les règles de la diététique.

Pratique - Santé

La santé est le souci majeur de nos contemporains. Cette collection englobe des ouvrages qui permettent à chacun(e) de veiller à ce bien précieux et de recourir à des thérapeutiques saines.

Épanouissement

Des techniques psychologiques et de développement personnel pour se guider vers son épanouissement.

Messages

Les travaux de certaines personnalités qui sont d'autant de jalons dans le cheminement vers une vie meilleure.

Santé - Spiritualité

Des ouvrages qui explorent, dans chaque tradition spirituelle, le lien entre la santé physique et la réalisation de l'esprit.

Nos ouvrages sont en vente en librairie et magasins diététiques.

Si vous souhaitez être tenu(e) au courant de nos publications, n'hésitez pas... écrivez-nous :

éditions 3 Fontaines
Les Tattes
74250 Fillinges / France

À PARAÎTRE

COLLECTION PRATIQUE - ALIMENTATION

Les rythmes alimentaires, par le Dr A. Denjean

Les destructeurs des vitamines, par le Dr Ph. Kéros

COLLECTION MESSAGES

Le message d'Hippocrate, par Christopher Vasey

COLLECTION SANTÉ - SPIRITUALITÉ

Sainte Hildegarde: recettes et remèdes,
par Daniel Maurin

Achevé d'imprimer par Corlet, Imprimeur, S.A.
14110 Condé-sur-Noireau (France)
N° d'Imprimeur : 6699 - Dépôt légal : octobre 1992
Imprimé en C.E.E.